Joachim Teske / Die Bilanzierung von Verlagsrechten

Betriebswirtschaftliche Forschungen

der Fakultät für Wirtschaftswissenschaften
an der Technischen Universität Berlin

Herausgegeben von

Prof. Dr. K. Mellerowicz, Prof. Dr. O. Schnutenhaus

Band 11

Die Bilanzierung von Verlagsrechten

Von

Dipl.-Kfm. Dr. Joachim Teske

DUNCKER & HUMBLOT / BERLIN

Vorwort

Die formelle und materielle Bilanzierung von Verlagsrechten birgt eine Vielzahl von Problemen, die sich von den bei der bilanziellen Behandlung anderer Wirtschaftsgüter auftretenden Fragen recht erheblich unterscheiden. Ursache hierfür ist vor allem der besondere rechtliche und wirtschaftliche Charakter der Verlagsrechte. Darüber hinaus lassen sich weder aus den speziellen handelsrechtlichen noch aus den steuerrechtlichen Bilanzierungsvorschriften unmittelbar Grundsätze für die Bilanzierung dieser Rechte ableiten. Maßgebend hierfür sind vielmehr allein die allgemeinen Bestimmungen, vor allem die Grundsätze ordnungsgemäßer Bilanzierung, bei deren Auslegung sich aber häufig beachtliche Schwierigkeiten ergeben. In bezug auf die Verlagsrechte vergrößern sich diese Auslegungsschwierigkeiten, da der wirtschaftliche Charakter dieser Rechte und die Unterschiedlichkeit der einzelnen Verlagsrechtgruppen oft nicht klar genug erkannt werden.

Die Folge hiervon ist, daß in der Praxis des Verlagsgewerbes hinsichtlich der bilanziellen Behandlung der Verlagsrechte eine große Unsicherheit besteht. Diese findet ihren Niederschlag in den zum Teil voneinander sehr abweichenden Bilanzierungs- und Bewertungsmethoden. Auch in den einschlägigen Kommentaren und in der übrigen Literatur finden sich keine genügend eingehenden und eindeutigen Ausführungen, die dazu geeignet wären, die in der Praxis auf diesem Gebiet herrschende Unsicherheit zu beseitigen, zumal die vertretenen Auffassungen oft stark voneinander abweichen.

Bei dieser Sachlage ist es durchaus geboten, daß die wissenschaftliche Betriebswirtschaftslehre als Wegbereiterin der Praxis sich mit diesem Fragenkomplex auseinandersetzt, zumal bei der bilanziellen Behandlung der Verlagsrechte den rein betriebswirtschaftlichen Bewertungsfragen, d. h. nicht der Bezifferung zum Zwecke der Bilanz, sondern der Feststellung des effektiven Marktzeitwertes, eine erheblich größere Bedeutung zukommt, als dies bei der Bilanzierung der Mehrzahl aller anderen Wirtschaftsgüter der Fall ist. Diese Wert- bzw. Bewertungsfragen bilden aber, worauf nicht oft genug hingewiesen werden kann, ein Kernproblem des Betriebes schlechthin.

Es ist daher zu begrüßen, daß der Verfasser der vorliegenden Arbeit sich bemüht, durch eine eingehende Untersuchung eine Klärung der

im Zusammenhang mit der Bilanzierung von Verlagsrechten auftretenden Fragen herbeizuführen. Besonders wertvoll wird diese Untersuchung dadurch, daß sie nicht nur unter theoretischen, sondern auch
unter praktischen Gesichtspunkten durchgeführt wird. An Hand zahlreicher Beispiele aus der Praxis werden die gewonnenen Erkenntnisse
in ihrer Anwendung gezeigt. Dabei setzt sich der Verfasser mit den
bisher in der Literatur vertretenen Meinungen kritisch auseinander.
Bevor er an die Problematik der Bilanzierung selbst herangeht, untersucht er die rechtlichen und wirtschaftlichen Eigenarten der verschiedenen Gruppen von Verlagsrechten, um so die Grundlage für die
Lösung der Hauptfragen zu schaffen. Bei der Behandlung der eigentlichen Kernfragen untersucht er sowohl die *handelsrechtliche* und
steuerrechtliche als auch die rein *betriebswirtschaftliche* Seite und
stellt auf Grund der hieraus gewonnenen Erkenntnisse *Bilanzierungsregeln* auf, die der Praxis als Richtschnur dienen können. Wenn er
dann schließlich auf die Bewertung von Verlagsunternehmen als
Ganzes eingeht, so will er damit nicht die Problematik der Unter-
nehmungsbewertung behandeln, sondern die von ihm vorgenommene
Abgrenzung zwischen einer besonderen Art von Verlagsrechten, nämlich den „Verlagswerten", und dem Goodwill der Verlagsunternehmung, dem „Firmenverlagswert", weiter begründen.

Mellerowicz

Inhalt

Abkürzungsverzeichnis

ADS	Adler-Düring-Schmaltz, Kommentar zum Akt.Ges.
Akt.Ges.	Aktiengesetz
BewG	Bewertungsgesetz
DStZ	Deutsche Steuerzeitung
EStG	Einkommensteuergesetz
GewStG	Gewerbesteuergesetz
GG	Grundgesetz
HGB	Handelsgesetzbuch
IVW	Informationsstelle zur Feststellung der Verbreitung von Werbeträgern
KStG	Körperschaftsteuergesetz
LUG	Literatur-Urheber-Gesetz
PrG	Pressegesetz
RFH	Reichsfinanzhof
RGZ	Reichsgerichtsentscheidung in Zivilsachen
RStBl	Reichssteuerblatt
Schl.-Q.	Schlegelberger-Quassowski u. a., Kommentar zum Akt.Ges.
UWG	Wettbewerbsgesetz
VG	Verlagsgesetz
WZG	Warenzeichengesetz
ZfhF	Zeitschrift für handelswissenschaftliche Forschung

A. Die rechtlichen und wirtschaftlichen Grundlagen der Verlagsrechte

I. Arten und rechtliche Grundlagen der Verlagsrechte

1. Verlagsrechte an urheberrechtlich geschützten Werken der Literatur und der Tonkunst

Der Begriff „Verlagsrecht" wird in der Praxis des Verlagsgewerbes und in der Literatur auf verschiedene Arten von Rechten bezogen. Im engeren Sinne versteht man hierunter die durch das Verlagsgesetz[1] begründeten Rechte. Hierzu gehören insbesondere die Buch- und Musikverlagsrechte sowie die Rechte an Beiträgen zu periodischen oder aperiodischen Sammelwerken. Derartige Rechte basieren auf dem Urheberrecht[2] an dem betreffenden Werk der Literatur oder Tonkunst. Sie sind jedoch nicht etwa ein aus diesem entstandenes neues Recht, sondern vielmehr „ein dem Verleger übertragener, unveränderter Teil des Urheberrechts selbst"[3]. Die rechtlichen Grundlagen hierfür sind in dem Verlagsgesetz von 1901 niedergelegt. Dieses Gesetz regelt keinesfalls das gesamte objektive Verlagsrecht, sondern enthält im wesentlichen nur normative Bestimmungen. Insbesondere kommt das dadurch zum Ausdruck, daß in diesem Gesetz die mannigfaltigen Arten der Verlagsrechte und ihre rechtlichen Beziehungen keinesfalls erschöpfend geregelt sind. Deshalb wird das Verlagsgesetz in der Praxis in vielen Fällen durch die verlegerische Verkehrssitte ergänzt, wenn nicht sogar ersetzt, zumal einer großen Zahl von Bestimmungen dieses Gesetzes nur ein dispositiver Charakter beizulegen ist. Positive Rechtsgrundsätze kommen dagegen nur in wenigen Fällen zum Ausdruck. Dies gilt nicht etwa nur für die Verlagsrechte an Zeitungen und Zeitschriften, an Filmen und Kunstwerken etc., auf die das Verlagsgesetz nur bedingt bzw. gar nicht Bezug nimmt, sondern auch hinsichtlich der Buch- und Musikverlagsrechte, für die das Gesetz spezifisch Anwendung findet. Ganz besonders findet dieser Umstand in der Vertragsgestaltung, durch die in der Praxis das Verlagsrecht im wesent-

---

[1] Gesetz über das Verlagsrecht vom 19. Juni 1901 (VG).
[2] Gesetz betreffend das Urheberrecht an Werken der Literatur und der Tonkunst vom 19. Juni 1901 (LUG).
[3] Bappert-Maunz, Verlagsrecht, S. 13.

lichen Umfange beeinflußt wird, seinen Niederschlag. Wenn trotzdem dem Verlagsgesetz eine nicht unerhebliche Bedeutung zukommt, so liegt das an den durch das Gesetz festgelegten Rechtsnormen[4] und vor allem an dem hierdurch begründeten Rechtsschutz der verlegerischen Tätigkeit, soweit sie sich auf Werke der Literatur und der Tonkunst bezieht. Ferner lassen sich aus dem Verlagsgesetz auch Grundsätze für andere Arten von Verlagsrechten ableiten. Darüber hinaus aber ist das Gesetz am besten geeignet, über die Rechtsnatur der Verlagsrechte im engeren Sinne Auskunft zu geben, weshalb die folgenden Ausführungen in starkem Maße auf dieses Gesetz Bezug nehmen.

Nach § 1 VG werden Buch- und Musikverlagsrechte durch den Verlagsvertrag begründet. Durch diesen wird dem Verleger vom Urheber das Recht — aber auch die Pflicht — zur ausschließlichen Vervielfältigung und Verbreitung eines in eine bestimmte Form gebrachten Geisteswerkes eingeräumt. Das Verlagsrecht in diesem Sinne ist also ein wirtschaftlich ausnutzbares ausschließliches Monopolrecht und entspricht somit wirtschaftlich gesehen dem Patentrecht. Der Verlagsvertrag ist an keine bestimmte Form gebunden und läßt in bezug auf die Ausstattung des Rechtes (Umfang und Dauer) verschiedene Variationen zu. Dies hat für die wirtschaftlichen Möglichkeiten, die dem Verleger durch das Verlagsrecht gegeben sind, erhebliche Bedeutung, weshalb später hierauf noch näher eingegangen wird. Hinsichtlich der Rechte an Beiträgen zu Sammelwerken, die neben den Buch- und Musikverlagsrechten ebenfalls zu den Verlagsrechten im engeren Sinn gehören, enthält das Verlagsgesetz einige besondere, für die Bewertung bemerkenswerte Bestimmungen (§§ 1, 42—46 VG). Neben gewissen Abweichungen in bezug auf den Umfang dieser Rechte begründen diese Bestimmungen einen anderen Rechtscharakter, da bei Beiträgen für den Verleger keine Verpflichtung zur Vervielfältigung und Verbreitung besteht. Einen Anspruch hierauf oder auf Schadensersatz wegen Nichtveröffentlichung steht dem Verfasser nur zu, wenn ihm ein bestimmter Zeitpunkt, in welchem der Beitrag erscheinen soll, vom Verleger bezeichnet worden ist. Daneben ist das Verlagsrecht an Beiträgen für den Verleger kein Monopolrecht, sondern nur ein Abdrucksrecht, denn der Verfasser behält freies Verfügungsrecht über den Beitrag. Ist das ausschließliche Verlagsrecht für Beiträge, die in Sammelwerken erscheinen sollen, vereinbart, so kann der Verfasser über den Beitrag anderweitig verfügen, wenn seit dem Ablauf des Kalenderjahres, in welchem der Beitrag erschienen ist, ein Jahr verstrichen ist, bei Zeitungen sogar bereits bald nach dem Erscheinen.

---

[4] Hierunter fallen auch die Bestimmungen, die die Beziehungen zwischen dem Urheber und dem Verleger regeln (Enthaltungspflicht, Änderungspflicht, Ablieferung, Kündigungsbestimmungen usw.), die jedoch zum größten Teil für die vorliegende Arbeit ohne Belang sind.

2. Verlagsrechte an periodischen Sammelwerken

Die Begriffsdefinition dieser Verlagsrechte, zu denen in der Hauptsache die Rechte an Zeitungen und Zeitschriften, aber auch die an Adreßbüchern etc. gehören, ist von der oben dargestellten Charakteristik der Buch- und Musikverlagsrechte völlig verschieden. Hierbei handelt es sich nicht um ausschließliche Monopolrechte, die durch Verlagsvertrag oder durch Eintragung in ein Register — wie z. B. die technischen Urheberrechte — oder durch Lizenzierung (Lizenzvertrag bzw. Lizenzierung durch Behörden) entstehen. Diese Rechte werden auch weder durch das Recht zur freien Meinungsäußerung im Sinne des Bonner Grundgesetzes (GG)[5] noch durch das Pressegesetz (PrG)[6] begründet. Ihr Wesensmerkmal wird lediglich durch das Wettbewerbsgesetz (UWG)[7] bestimmt. Nach § 16 dieses Gesetzes besteht auch für Zeitungen, Zeitschriften etc. ein Namensschutz:

„Wer im geschäftlichen Verkehr einen Namen, eine Firma oder die Bezeichnung eines Erwerbsgeschäftes, eines gewerblichen Unternehmens oder einer Druckschrift in einer Weise benutzt, welche geeignet ist, Verwechslungen mit dem Namen, der Firma oder der besonderen Bezeichnung hervorzurufen, deren sich ein anderer befugterweise bedient, kann von diesem auf Unterlassung der Benutzung in Anspruch genommen werden".

Diese Bestimmung ist sehr weitgehend. Sie beschränkt nicht nur die auf Wettbewerb zielende Handlung, sondern schützt alle Kennzeichnungen eines gewerblichen Unternehmens und verbietet jede Verletzung durch Dritte im geschäftlichen Verkehr. Bei allen Verstößen gegen den Namens- bzw. Titelschutz kommt es also nicht darauf an, was der Handelnde will, entscheidend ist vielmehr, wie der Verkehr seine Handlung auffaßt. Die Möglichkeit der Verwechslung wird jedoch immer eine Tatfrage sein, die nicht leicht zu beurteilen ist. Der wettbewerbliche Titelschutz entsteht ohne Formalität mit der tatsächlichen Ingebrauchnahme der betreffenden Bezeichnung. Der Abwehranspruch, der sich dem Befugten hieraus ergibt, besteht in der Berechtigung, die Beseitigung oder Unterlassung gegenüber dem Dritten zu fordern, der den gleichen Titel benutzt. Darüber hinaus ergibt sich aus dem UWG das Recht, auf dem Prozeßwege auch den Ersatzanspruch zu befriedigen (§ 16 Abs. 3 UWG).

Die rechtlichen Grundlagen der Verlagsrechte an periodischen Sammelwerken sind durch die Bestimmungen des Wettbewerbsgesetzes

---

[5] Nach Artikel 5 GG besteht das Recht, Meinungen in Wort, Schrift und Bild frei zu äußern und zu verbreiten.

[6] Pressegesetz vom 7. Mai 1874 (PrG). Dieses Gesetz ist auch heute die Grundlage des Presserechtes, obwohl in einigen Ländern der Bundesrepublik neue Ländergesetze entstanden sind (z. B. Bayern: Gesetz über die Presse vom 3. Oktober 1949). Letztere sowie in einigen Ländern ergangenen Änderungs- bzw. Ergänzungsgesetze haben jedoch den Kern des im Gesetz von 1874 niedergelegten Presserechtes im wesentlichen unverändert gelassen.

[7] Gesetz gegen den unlauteren Wettbewerb vom 7. Juni 1909 (UWG).

klar gegeben. Hinsichtlich der Durchführung des Titelschutzes können sich jedoch erhebliche Schwierigkeiten ergeben. Der Nachweis der Verwechslungsgefahr bei ähnlich klingenden Titeln, die, wie oben erwähnt, eine Frage der Verkehrsauffassung ist, wird in den meisten Fällen nicht ohne weiteres möglich sein. Ebenso schwer wird häufig der Nachweis der erstmaligen Benutzung sein. Hierbei kommt es nicht darauf an, ob der betreffende Titel bereits auf dem Markt anerkannt wurde und Geltung hat; entscheidend ist vielmehr lediglich die Priorität der Benutzung. Aus diesen Gründen wurde von Verlegern schon häufig eine Eintragung der Zeitungs- oder Zeitschriftentitel als Warenzeichen in die Zeichenrolle gefordert. Dadurch würden die Zeitungsverlagsrechte u. ä. einen zusätzlichen Rechtsschutz erlangen. Derartige Pläne kamen aber bisher nicht zur Durchführung. Ein warenzeichenrechtlicher Schutz dürfte für Titel von Druckschriften auch nicht möglich sein, da diese nicht dazu bestimmt sind, eine zusätzliche Kennzeichnung einer Ware hervorzurufen. Zeitungstitel sind vielmehr ein wesentlicher Bestandteil des Werkes. Es muß also bei dem indirekten Titelschutz im Sinne des Wettbewerbsgesetzes bleiben[8].

Die zeitliche Dauer der Verlagsrechte an periodischen Sammelwerken ist im Gegensatz zu dem Rechtsschutz an Buch- und Musikverlagsrechten unbegrenzt. Lediglich die im Wettbewerbsgesetz begründeten Ansprüche auf Unterlassung bzw. Schadensersatz verjähren nach sechs Monaten von dem Zeitpunkt ab, an dem der Berechtigte Kenntnis von dem Verstoß erlangt hat, und ohne Rücksicht auf diese Kenntnis in drei Jahren von der Begehung der Handlung ab (§ 21 UWG).

3. Sonstige Verlagsrechte

Neben den oben geschilderten Rechten bzw. Gruppen von Rechten gibt es noch eine Reihe anderer, die ebenfalls im Sprachgebrauch bzw. auf Grund ihres Charakters den Verlagsrechten zugeordnet werden. Diese Rechte enthalten jedoch teilweise eine Vielzahl von Besonderheiten und Verschiedenheiten, die sie mit den übrigen Verlagsrechten nicht unbedingt vergleichbar machen. Der Vollständigkeit halber seien einige dieser Rechte im folgenden kurz erwähnt und erläutert.

Zu diesen Rechten zählen vor allem die Kunstwerk-Verlagsrechte. Diese beziehen sich nicht auf Bücher mit kunstwissenschaftlichem oder kunsthistorischem Inhalt, sondern auf Werke bildender Künstler im Sinne des Kunsturhebergesetzes[9]. „Eine Kodifikation der rechtlichen Beziehungen zwischen bildenden Künstlern und Verlegern gibt es nicht, da die im Kunstverlag vorkommenden Verhältnisse viel zu

---

[8] Vgl. § 1 bzw. 33 des Warenzeichengesetzes vom 5. Mai 1936.

[9] Gesetz betreffend das Urheberrecht an Werken bildender Künstler und der Photographie vom 9. Januar 1907.

mannigfaltig sind, um eine einheitliche, allen Ansprüchen genügende Regelung zu treffen"[10]. Aus diesem Grunde findet auch das Verlagsgesetz für derartige Rechte keine Anwendung. Eine diesem Gesetz in vielen Punkten entsprechende Regelung wurde jedoch im Jahre 1926 durch den Reichswirtschaftsbund bildender Künstler einerseits und die verschiedenen Verlegervereinigungen anderseits geschaffen. Die von diesen vereinbarten Richtlinien über Vertragsabschlüsse[11] zeigen, daß die Bestimmungen des Verlagsgesetzes hierfür sinngemäß Anwendung finden sollen. Der Unterschied zwischen diesen Rechten und den bisher besprochenen Arten von Verlagsrechten beruht daher mehr auf ihrer wirtschaftlichen Eigenart. Sehr unterschiedlich sind vor allem die Vervielfältigungs- bzw. Verbreitungsarten, die Stückzahl der Auflage sowie die davon abhängigen Kosten sowohl für die Herstellung des Werkes als auch für den Erwerb der Rechte. Der Verlag einer wertvollen Plastik z. B. ist wirtschaftlich ganz anderen Bedingungen unterworfen als der Verlag von Holzschnitzereien, Kupferstichen, Ansichtspostkarten oder gar von Schriftwerken im Sinne des Verlagsgesetzes. Die Bilanzierung und Bewertung dieser Rechte entspricht aber den bereits oben geschilderten Verlagsrechten, allerdings mit der Einschränkung, daß hierbei den branchenbedingten Besonderheiten Rechnung getragen werden muß.

Eine weitere hier zu nennende Art von Rechten ist das Theaterverlagsrecht. Die diesbezüglichen Verlagsverträge enthalten neben der Begründung des Vervielfältigungs- und Verbreitungsrechtes meist noch besondere Bestimmungen betreffend das Aufführungsrecht am Theaterstück. Der Verleger wird hierin verpflichtet, für die Aufführung des Stückes Sorge zu tragen, die hierfür erforderlichen Verträge abzuschließen und die Einkünfte aus diesen zu überwachen. Wesentliche Besonderheiten hinsichtlich der Bilanzierung und Bewertung ergeben sich bei diesen Rechten gegenüber den unter Abs. 1 geschilderten Verlagsrechten nicht.

Schließlich sei an dieser Stelle noch kurz auf die Verfilmungsrechte eingegangen, die zwar den Verlagsrechten in vieler Beziehung ähnlich, aber diesen keinesfalls gleichzusetzen sind. Für diese Rechte ist eine gesetzliche Regelung bislang nicht ergangen. Aus diesem Grunde werden die Verfilmungsrechte häufig als Verlagsrechte angesehen. Diese Ansicht ist jedoch nicht vertretbar, da den Verträgen über Verfilmungsrechte die wesentlichen Begriffsmerkmale des Verlagsvertrages fehlen (z. B. Verbreitungspflicht des Verlegers, Enthaltungspflicht des Verfassers, Auflagenhöhe etc.). Deshalb hat das Reichs-

---

[10] Isenschmidt, Das Verlagsrecht an Werken der bildenden Kunst und der Verlagsvertrag, Bern 1912, S. 7; zitiert aus Bappert-Maunz, a. a. O., S. 54.

[11] Richtlinien für Abschluß und Auslegung von Verträgen zwischen bildenden Künstlern und Verlegern vom 2. November 1926.

gericht (RG 107,62) eine sinngemäße Anwendung der verlagsrechtlichen Bestimmungen für Verfilmungsverträge abgelehnt.[12] Ähnlich verhält es sich mit dem Recht an der Filmidee. Die Filmidee und damit auch der fertige Film ist ein urheberrechtlich geschütztes Werk[13]. Darüber hinaus ist der Filmtitel, der mit der Filmidee wie auch mit dem fertigen Film fest verbunden ist, nach der allgemeinen Verkehrsauffassung auch im Sinne des UWG wettbewerblich geschützt. Dieser Tatbestand geht insbesondere daraus hervor, daß in der Filmwirtschaft ein öffentliches Titelregister geführt wird[14] und daß die Bestimmungen des § 16 UWG für Filmtitel sinngemäß Anwendung finden können.

Wenn sie somit auch mit den Zeitungsverlagsrechten, die sich ja ebenfalls auf den Titelschutz begründen, eine gewisse Ähnlichkeit haben, so sind die Filmtitelrechte dennoch mit diesen nicht vergleichbar. Während Zeitungsverlagsrechte in der Regel dazu bestimmt sind, dauernd der Unternehmung zu dienen, von der sie originär oder derivativ erworben sind, werden Verfilmungsrechte — abgesehen von relativ selten vorkommenden Wiederverfilmungen bzw. vom Verkauf der Remakerechte[15] — meist nur einmal in Anspruch genommen.

Darüber hinaus sind weder die Verfilmungsrechte noch die Filmtitelrechte der wirtschaftlich gesehen wichtigste Teil der Rechte an einem Film, sondern die Auswertungsrechte am fertigen Film. Diese sind zwar mit den Gesamtrechten am Film eng verknüpft, werden aber getrennt von diesen veräußert, und zwar meist nur für ein bestimmtes Gebiet und eine bestimmte Zeit. Die Rechte an Filmen sind daher Bündelungen verschiedenartiger Teilrechte, deren rechtliche und wirtschaftliche Grundlagen von denen der Verlagsrechte erheblich abweichen.

Zusammenfassend kann gesagt werden, daß es zwei Hauptgruppen von Verlagsrechten gibt: Verlagsrechte im Sinne des Verlagsgesetzes und Verlagsrechte an periodischen Sammelwerken. Zu den ersten gehören insbesondere die Buch- und Musikverlagsrechte, die zweite Gruppe wird vornehmlich durch die Zeitungsverlagsrechte repräsentiert. Die „sonstigen Verlagsrechte" lassen sich entweder diesen beiden Gruppen mehr oder weniger direkt zurechnen (z. B. die Kunstwerk-Verlagsrechte) oder aber sind, wie die Filmrechte, mit diesen überhaupt nicht vergleichbar. Gemeinsam haben alle diese Rechte vor allem den Namen und Charakter der immateriellen Gegenstände. Außerdem gibt

---

[12] Bappert-Maunz, a. a. O., S. 59.

[13] Vgl. § 2 LUG.

[14] Ott, Die Bewertungsfragen in der Filmwirtschaft, Wiesbaden 1953, S. 10.

[15] Remakerechte sind Wiederverfilmungsrechte, die gerade bei guten alten Filmen mitunter noch einen beachtlichen Wert haben. Häufig sind es hierbei aber nicht die Stoff-, sondern die Musikrechte, die den Wert des Remakerechtes verkörpern.

es für sie keine speziellen Bilanzierungs- oder Bewertungsvorschriften so daß hierfür allein die Grundsätze der Ordnungsmäßigkeit maßgebend sind.

Die rechtlichen und wirtschaftlichen Verschiedenheiten der einzelnen Verlagsrechtsarten lassen es unzweckmäßig erscheinen, sie im Rahmen der vorliegenden Arbeit alle gemeinsam zu behandeln. Ausgeschlossen von der Untersuchung werden deshalb in erster Linie die Filmrechte, weil deren wirtschaftliche Bedeutung zu sehr von der der übrigen Verlagsrechte abweicht. Die anderen „sonstigen Verlagsrechte" können ebenfalls im Verlauf der folgenden Erörterung außer Betracht bleiben, da die Problematik ihrer Bilanzierung und Bewertung sich im wesentlichen mit den bei Buch- und Zeitungsverlagsrechten auftauchenden Fragen deckt.

Am problematischsten ist die Bilanzierung und Bewertung bei den Zeitungsverlagsrechten, weshalb diese auch im Vordergrund der folgenden Betrachtungen stehen werden. Hierbei ist außerdem die Problemgestaltung am weitgehendsten und umfassendsten, so daß die bei anderen zu dieser Gruppe gehörenden Rechten (Zeitschriften- und Adreßbuch-Verlagsrechte) auftretenden Fragenkomplexe hiermit umschlossen werden. In gewissem Umfange gilt dies auch für die Buchverlagsrechte. Wenn diese trotzdem ebenfalls Gegenstand der Erörterung sein sollen, so vor allem deshalb, weil sie die Verlagsrechte im eigentlichen (juristischen) Sinn des Wortes sind. Außerdem werden sie sowohl in der Praxis als auch in der Literatur vielfach mit den Zeitungsverlagsrechten verwechselt oder verquickt, obwohl sie rechtlich und wirtschaftlich gesehen mit den Zeitungsverlagsrechten keinesfalls identisch sind. Im folgenden werden nun diese beiden Arten von Verlagsrechten näher untersucht.

II. Die Verlagsunternehmung

So unterschiedlich wie die Verlagsrechte selbst sind, so mannigfaltig ist auch die Form ihrer Ausnutzung. Da die vorliegende Arbeit die Untersuchung der Bilanzierungs- und Bewertungsformen dieser Rechte zum Ziel hat, soll hier nur auf die Ausnutzung durch Unternehmungen eingegangen werden, wobei ihre Rechtsform zunächst ohne Belang ist. Das Wort „Verlag" im ursprünglichen Sinne kennzeichnet ein gewerbliches Betriebssystem, bei dem die Leitung der Erzeugung und des Absatzes einer Ware in den Händen eines Unternehmers liegt, während die Produktion selbst durch Dritte (häufig durch Heimarbeiter) ausgeführt wird. Heute findet der Begriff „Verlag" hauptsächlich auf die Unternehmungen Anwendung, die sich mit der gewerblichen Ausnutzung von Verlagsrechten befassen ohne Rücksicht darauf, ob sie die betreffenden Verlagserscheinungen selbst herstellen oder nicht. Entsprechend dem verschiedenartigen Charakter der Verlagsrechte teilt man die Verlagsunternehmungen in Buch-, Zeitungs-, Theater-, Kunst- und andere Verlage ein, von denen die wichtigsten der Buch- und der Zeitungsverlag sind.

1. Der Buchverlag

Das Buchverlagsgewerbe ist ein besonderer Zweig des Warenhandels. Gegenstand desselben ist nicht nur der Handel mit Büchern, sondern der Handel „mit allen Werken des Schrifttums, der Tonkunst, der bildenden Kunst und der Lichtbildnerei, sowie mit Lehrmitteln, die durch ein graphisches Verfahren vervielfältigt sind, also Bücher, Zeitschriften, Musikalien, Kunstblätter, Atlanten, Globen" und anderes mehr[16]. Innerhalb des Buchhandels werden zwei große Gruppen unterschieden; dies sind

der vertreibende Buchhandel und
der Verlagsbuchhandel.

Der Verlagsbuchhandel oder kurz Buchverlag hat insbesondere drei Aufgaben, deren Bedeutung im Rahmen des Buchverlages jedoch sehr unterschiedlich ist. Es sind dies:

1. die Beschaffung des Stoffes, verbunden mit der Herausgabe des betreffenden Werkes,
2. die technische Herstellung des Werkes,
3. der Vertrieb der Verlagserscheinung.

Die eigentliche verlegerische Tätigkeit des Buchverlegers konzentriert sich auf die Stoffbeschaffung bzw. seine Auswahl und die Herausgabe des betreffenden Werkes. Die Schwierigkeiten hierbei resultieren aus der ungeheuren Vielzahl und der großen Verschiedenheit der verlegerischen Erzeugnisse. Da jedes Werk besondere Eigenarten aufweist, entsteht im Verlagsgewerbe eine äußerst große Zahl von Sorten, wie sie keine andere Branche aufzuweisen hat. Durch den Fortschritt der Wissenschaften und die dauernden Neuerscheinungen auf dem Gebiet der Belletristik wird diese Zahl stetig erhöht. Der großen Vielzahl von Sorten stehen allerdings ebenso zahlreiche und verschiedene Bedürfnisse gegenüber, deren Befriedigung die Aufgabe und die Zielsetzung des Verlegers ist.

Da der Beschaffungsmarkt für literarische Erzeugnisse durch die Mannigfaltigkeit der zur Verfügung stehenden Stoffe in keiner Weise beschränkt ist, handelt es sich hierbei hauptsächlich um die Auswahl des Stoffes. Hierzu gehört eine umfassende Kenntnis des betreffenden Wissensgebietes. Wegen der Vielzahl der Gebiete, auf denen eine literarische Tätigkeit heute möglich ist, wird immer mehr dazu übergegangen, die Aufgaben des Verlagsgewerbes zu unterteilen. Deshalb unter-

---

[16] Vgl. § 2 der buchhändlerischen Verkaufsordnung vom 23. Oktober 1935; ähnlich: Buchhändlerische Verkehrsordnung vom 8. Juni 1935 (§ 1).

scheiden sich die Verlagsunternehmungen nicht nur nach der Art der von ihnen genutzten Verlagsrechte (Buch-, Musik-, Kunstverlage u. a.), sondern auch innerhalb dieser Gruppen nach Spezialgebieten. So gibt es heute für fast sämtliche Wissenschaften Fachverlage und besondere Verlage, die sich überwiegend nur mit der Belletristik befassen.

Eine weitere Schwierigkeit besteht für den Verleger — als Kaufmann — darin, den Anklang seiner Verlagserscheinung beim Publikum und damit ihren Erfolg zu bestimmen. Dies ist insbesondere bei schöngeistiger Literatur im voraus nur schwer oder gar nicht möglich. Deshalb ist das Problem der Verbundenheit mehrerer Verlagserscheinungen für den Buchverlag sehr wichtig. Er muß häufig eine größere Anzahl von Werken erwerben und übernehmen, die ihm Verluste bringen, um schließlich ein Buch herauszugeben, das die Verluste aller anderen Werke ausgleicht oder ihm darüber hinaus noch einen Gewinn einbringt. Deshalb kann sich ein Buchverleger nicht mit dem Erwerb nur eines Verlagsrechtes begnügen, sondern muß eine Vielzahl derartiger Rechte erwerben, um seine verlegerische Tätigkeit auf eine wirtschaftlich gesunde Basis zu stellen. Eine Ausnahme hierbei bildet insbesondere der sogenannte Selbstverlag, wobei es sich jedoch nicht um eine mit Gewinnstreben verbundene gewerbliche Tätigkeit handelt.

Die technische Herstellung seiner Werke überläßt der Buchverleger meist Dritten. Auf die einzelnen Phasen der Herstellung wird im Zusammenhang mit der Erläuterung der Zeitungsverlagsunternehmung noch eingegangen, weshalb hier darauf verwiesen sei. Ein wesentlicher Unterschied besteht hierbei zwischen beiden Verlagsarten nur insofern, als das Problem der Kapazitätsausnutzung beim Buchverlag nicht so stark in Erscheinung tritt, da dieser — im Gegensatz zu Zeitungsverlagsunternehmungen — nicht einen derartig stoßweisen Anfall der Arbeit zu verzeichnen hat. Außerdem ist beim Buchverlag die Frage der schnellen Herstellung nicht von allzu großer Wichtigkeit, während sie bei Zeitungen mit ihrer Notwendigkeit zur Aktualität von sehr großer Bedeutung ist.

Der Vertrieb der Erscheinungen eines Buchverlages wird in der Regel dem Sortimentsbuchhandel übertragen. Daneben gibt es noch eine Reihe anderer Formen des vertreibenden Buchhandels, wie Reise-, Versandbuchhandel u. a., die jedoch nicht das gleiche Gewicht wie der Sortimentsbuchhandel haben. Eine wesentliche Besonderheit des Buchhandels gegenüber anderen Arten des Warenhandels ist der Charakter des Buches als Ware. Das Buch ist ebenso wie die anderen Werke der Literatur und der Kunst eine Monopolware, da seine Herstellung urheber- bzw. verlagsrechtlich geschützt ist. Daher kann es nur von einem Verleger bezogen werden. Weil ein einziges Stück eines solchen Werkes außerdem den Bedarf eines Käufers in der Regel auf Lebenszeit befriedigt — in öffentlichen Büchereien sogar den eines großen Personenkreises —, handelt es sich hierbei um einen Einzelbedarf. Deshalb hat der vertreibende Buchhandel eine Reihe von besonderen Verkaufsbedingungen. Hierzu gehören insbesondere die vertikale Preisbindung und der Kommissionsverkauf. Im einzelnen ist dieses Konditionssystem in der buchhändlerischen Verkaufs- und Verkehrsordnung festgelegt.

2. Der Zeitungsverlag

Im Gegensatz zu Buchverlagsunternehmungen sind der Aufbau und die Organisation von Zeitungsverlagen äußerst kompliziert. Schon die Definition des Begriffes „die Zeitung" bereitet im allgemeinen große Schwierigkeiten. Ohne auf die verschiedenen hierüber in der Literatur und auch in der Praxis vertretenen Auffassungen und Meinungen[17] näher einzugehen, soll der Begriff der Zeitung unter Berücksichtigung der allgemein anerkannten Merkmale hier wie folgt definiert werden:

Die Zeitung ist eine von einem wirtschaftlichen Unternehmen ausgehende, periodisch erscheinende, durch mechanische Vervielfältigung allgemein zugänglich gemachte Publikation von mannigfaltigem universellem und kollektivem Inhalt, der von allgemeinem Interesse und von Aktualität gekennzeichnet ist.

Die Zeitung soll und muß sich also zum Ziele setzen, die jüngsten Zeitgeschehnisse in kürzester Zeit einem großen Leserkreis in regelmäßiger Folge mitzuteilen. Hieraus ergibt sich bereits der wichtigste Unterschied gegenüber der Zeitschrift, deren Inhalt nie so aktuell sein kann, da zwischen Ereignis und Veröffentlichung in der Regel eine größere Zeitspanne liegen wird. Außerdem verzichten die Herausgeber von Zeitschriften häufig auf die Kollektivität und Universalität des Inhalts, um dafür in um so stärkerem Maße bestimmte Gruppen von Lesern anzusprechen (Fachzeitschriften). Im Einzelfall wird die begriffliche Trennung von Zeitung und Zeitschrift jedoch häufig nicht möglich sein.

Ebenso ist eine Einteilung in Gruppen hinsichtlich der von der Zeitung oder Zeitschrift vertretenen Grundrichtung wegen der fast unbegrenzten Variationsmöglichkeiten nur in sehr beschränktem Umfang und ohne Anspruch auf Vollständigkeit möglich. Die wichtigsten nach allgemeinen Gesichtspunkten gegliederten Gruppen sind:

a) Zeitungen mit den Unterarten
   Generalanzeiger-Presse,
   Partei-Presse,
   Boulevard-Presse usw.;

---

[17] Groth, Die Zeitung, Mannheim-Berlin-Leipzig 1928 Bd. I, S. 21 ff.

b) Zeitschriften mit den Unterarten

Unterhaltungszeitschriften,

Modezeitschriften,

Fachzeitschriften usw.

Außerdem gehören zu den hier besprochenen Verlagserscheinungen auch

c) regelmäßig erscheinende Adreßbücher, Branchen- und Telefonbücher usw. sowie

d) sonstige periodische Sammelwerke, wie Kalender, Zeitungskorrespondenzen, Kursbücher, Reiseführer und in nicht bestimmten Zeiträumen erscheinende Nachschlagewerke u. a. m.

Der Verlag derartiger Verlagserscheinungen erfolgt in drei Stufen:

a) Die Beschaffung des geistigen Inhalts durch eigene Redakteure bzw. durch ständige oder gelegentliche Mitarbeiter oder aber durch die Einschaltung von Nachrichtenagenturen, Adressenbüros usw. Wissenschaftliche Beiträge, Romane und dergleichen werden gegen Honorar von den Autoren erworben. Wie schwierig die Beschaffung des Stoffes oft ist, sieht man insbesondere an der Beschaffung von Nachrichten für Zeitungsunternehmen. Großstädtische Zeitungen unterhalten zwar vielfach eigene Provinz- oder Auslandskorrespondenten, es ist aber selbst dem kapitalkräftigsten Unternehmen nicht möglich, an allen Orten des In- und Auslandes vertreten zu sein, da die Unterhaltung eines derartigen Nachrichtendienstes viel zu kostspielig ist.

Aus diesen Gründen versuchte bereits um 1870 herum Bernhard Wolff, die Nachrichtenunkosten für seine Zeitung dadurch herabzudrücken, daß er die zunächst nur für sein Unternehmen beschafften Nachrichten an andere Zeitungen gegen Kostenerstattung weitergab. Hieraus entwickelte sich das erste deutsche Nachrichtenbüro Continentale-Telegraphen Companie Wolff's Telegraphisches Büro AG (WTB). Diese Nachrichtenagentur gewann durch die Veröffentlichung von Meldungen und Bekanntmachungen der Reichsregierung große Bedeutung und wurde Ende 1933 mit dem Nachrichtenbüro des Hugenbergkonzerns, der Telegraphen Union G. m. b. H. (T. U.) unter der Firma „Deutsches Nachrichtenbüro" (D. N. B.) zusammengeschlossen. Diese Form der Nachrichtenbeschaffung ist heute die gebräuchlichste. Die mittleren und kleineren Zeitungen unterhalten deshalb außerhalb ihrer Heimatstadt nur an wichtigsten, für sie interessanten Sonderplätzen eigene Korrespondenten, während sie sich im übrigen auf Nachrichtenbüros, wie Deutsche Presse Agentur (D. P. A.), Reuter, Associated Press (A. P.) u a. stützen.

b) Die zweite Stufe des Verlages ist die technische Herstellung, die im wesentlichen folgende Vorgänge umfaßt:

1. Der Satz, und zwar Hand- oder Maschinensatz (Linotype oder Monotype, d. h. Zeilen- bzw. Buchstabensetzmaschine),

2. Korrektur und Umbruch,

3. Stereotypie — Vervielfältigung der Druckplatten —,

4. Druck, gewöhnlich mit Rotations- oder Flachdruckschnellpressen.

Diese vier Arbeitsprozesse, auf deren technische Einzelheiten nicht näher eingegangen werden soll, stehen ebenfalls unter dem Leitmotiv der Aktualität. Das bedeutet, daß die maschinelle und sonstige technische Ausrüstung von Zeitungsunternehmen sehr stark auf die Beschleunigung der Produktion ausgerichtet sein müssen. Dies wiederum bedingt komplizierte und in der Regel teure Maschinen (z. B. Rotationsmaschinen), sowie außerdem — für die Zeiten der Hochkonjunktur — große maschinelle und personelle Kapazitäten. Daß dafür erhebliche Kapitalien erforderlich sind, ist verständlich. Verstärkt wird dieser Kapitalbedarf noch durch die im Zeitungsgewerbe nicht zu vermeidende schwankende Kapazitätsausnutzung. Diese wird teils durch exogene Einflüsse — Schwankungen hinsichtlich der zu be- oder verarbeitenden Nachrichten und Kommentare sowie hinsichtlich der Anzeigennachfrage und der Auflagenhöhe —, teils durch interne Bedingungen der Produktion hervorgerufen. Letztere beziehen sich auf die Unmöglichkeit, die einzelnen Produktionsprozesse nebeneinander laufen zu lassen. Die oben angegebene Reihenfolge muß eingehalten werden. Während also beispielsweise die Setzerei mit Hochdruck arbeitet, stehen die Stereotypie und die Druckerei still. Außerdem ist der Arbeitsandrang mit der Erscheinungsweise der Zeitung oder Zeitschrift eng verbunden. Eine einzelne Zeitung — sei es eine Morgenzeitung oder eine andere — wird die im Interesse einer schnellen Herstellung erforderlichen Kapazitäten nie ausnützen können. Um die Ausnutzung der bereitstehenden Kapazitäten aber dennoch zu gewährleisten bzw. wenigstens zu vergrößern, begnügen sich Zeitungsunternehmen mit eigenen Druckereien in den seltensten Fällen mit der Herausgabe eines einzigen Blattes bzw. nur einer Ausgabe. Es werden fast immer verschiedene Zeitungen und Zeitschriften oder Ausgaben miteinander gekoppelt. Darüber hinaus wird häufig versucht, die Arbeitsintensität der technischen Einrichtung und des technischen Personals durch Akzidenzen oder sogar durch den Anschluß eines eigenen Buchverlages (Scherl, Ullstein u. a.) zu verstärken.

Zusammenfassend kann gesagt werden, daß die komplizierte und kostspielige Herstellung von Zeitungen und Zeitschriften nur kapitalstarken Unternehmungen möglich ist. Kleinere und mittlere Betriebe lassen daher ihre Blätter meist im Lohndruck herstellen, während die — allerdings im städtischen Zeitungsgewerbe vorherrschenden — Großunternehmungen ihre Zeitungen usw. in der Regel in eigener oder unter der Regie von Organgesellschaften drucken lassen. Die Großbetriebe, die auf Grund der ihnen zur Verfügung stehenden finanziellen Mittel ihre Ausrüstung stets dem neuesten Stand der Technik anpassen können, werden den kleinen Betrieben technisch stets überlegen sein. „Wirtschaftlich ist aber diese Überlegenheit begrenzt, da die lokalen und regionalen Bedürfnisse der Leser und Inserenten sowie die politischen, wirtschaftlichen und kulturellen Besonderheiten bestimmter Bevölkerungskreise oder Gebiete die Existenz mittlerer und kleiner Betriebe ermöglichen und der Ausdehnungstendenz der großen Schranken setzen."[18]

c) Die dritte und letzte Stufe des Verlages ist der Vertrieb des Werkes. Bei Zeitungen erfolgt der Absatz hauptsächlich an Abonnenten durch ein eigenes Trägersystem oder in Großstädten auch unter Einschaltung von eigenen Filialen. Den Einzelabsatz besorgen in der Hauptsache die Straßenhändler. Hierbei handelt es sich zum Teil um vollkommen unabhängige Händler, die Zeitungen verschiedener Verlage verkaufen. Außerdem gibt es die sogenannten Zuschußhändler, die verlagsgebunden sind und deshalb nur bestimmte Verlagserzeugnisse vertreiben können. Bei der Verbreitung von Zeitungen außerhalb des Verlagsortes tritt vor allem das Postzeitungsamt auf. In ähnlicher Weise erfolgt der Vertrieb von Zeitschriften. Lediglich Fachzeitschriften werden vielfach auch durch den Sortiments- oder Fachbuchhandel vertrieben.

Der Vertrieb sonstiger periodischer Sammelwerke erfolgt ebenfalls hauptsächlich durch den Buchhandel oder aber direkt durch Versand vom Verlag und in wenigen Fällen, z. B. bei Kalendern usw., auch über Papierhandlungen. Die Wahl der Vertriebsorganisationen erfolgt je nach dem Charakter des Werkes bzw. der Zeitung. Durch das Trägersystem werden Tageszeitungen z. B. in Berlin „Der Tagesspiegel" oder die „Berliner Morgenpost" vertrieben, während der Vertrieb von Boulevardblättern, wie die „Bildzeitung" und die „BZ" hauptsächlich durch Straßenhändler erfolgt.

Diese zusammengefaßte Schilderung der verschiedenen Stufen des Verlagsgewerbes bezieht sich zwar hauptsächlich auf die Herstellung von Zeitungen und Zeitschriften, hat aber für andere periodische Sammelwerke ebenso Geltung. Die Vielgestaltigkeit der hiermit verbundenen Aufgaben brachte der bekannte Zeitungswissenschaftler Groth[19] auf einen Nenner; er bezeichnete ein Zeitungsunternehmen als dreierlei: eine Fabrik, in der die Ware hergestellt wird, ein Handelsgeschäft und schließlich eine Transportanstalt. Für die Bewältigung dieser Aufgaben sind naturgemäß eine große Organisation und eine beträchtliche Kapitalbindung Voraussetzung.

---

[18] Groth, a. a. O., Bd. III, S. 5.
[19] Groth, a. a. O., Bd. III, S. 7.

Besonders stark ist der Kapitalbedarf bei der Gründung derartiger Verlagsunternehmen und zwar vor allem bei den sogenannten echten Zeitungsgründungen, d. h. bei der Gründung von Zeitungsverlagen mit eigenen Druckereien. Hierbei müssen sehr hohe Mittel für die Beschaffung von Anlagen (Grundstücke, Gebäude, Einrichtungen der Druckerei, Nachrichtenmittel etc.) investiert werden. Außerdem muß ein gewisses Reservekapital vorhanden sein, um die Anlagen dauernd dem neuesten Stand der Technik anpassen zu können, da einer der wesentlichsten Grundsätze der Zeitungsunternehmen die Aktualität ist. Das somit erforderliche Anlagekapital ist in Relation zum erzielbaren Nutzen unverhältnismäßig hoch.

Weiterhin ist während der Einführungszeit ein sehr hohes Betriebskapital erforderlich. Dieses wird hauptsächlich durch die sogenannten Einführungskosten bedingt. Hierzu gehören nicht nur die Kosten der Einführungswerbung, sondern auch ein gewisses Durchhaltekapital. Während jedes andere Industrieunternehmen Waren erzeugt, die es entweder sofort oder später veräußern kann, und somit Erträge erzielt, muß ein neu gegründetes Zeitungsunternehmen sein Betriebserzeugnis in der Regel zunächst ganz oder zum Teil kostenlos abgeben. Anders liegen die Verhältnisse nur dann, wenn der Verleger mit seiner der Verlagserscheinung zugrunde liegenden Idee publizistisches Neuland entdeckt, das ihm sofort gesicherte Absatzmöglichkeiten erschließt. In Anbetracht der irrationalen geistigen Bedürfnisse der Leserschaft, die von unvorhersehbaren Schwankungen und Stimmungen beeinflußt werden kann, ist ein solcher Fall aber relativ selten[20]. Im allgemeinen kann der Herausgeber einer neuen Zeitung oder Zeitschrift in der ersten Zeit der Einführung, die sich oft über Jahre hinaus erstreckt, nicht daran denken, voll rentabel zu arbeiten. Ein zusätzliches Risiko besteht für ihn darin, daß er seine „Ware" nicht auf Lager legen kann, da eine Zeitung schon nach Stunden zu Makulatur wird. Alles in allem muß er also damit rechnen, für eine gewisse Zeit außer den Anlageinvestitionen auch laufende betriebliche Verluste zu tragen.

Zur Verminderung der Kosten und des Risikos bei der Einführung einer neuen Zeitung oder Zeitschrift werden diese mitunter auch im Lohndruck hergestellt.[21] Hierdurch werden auf jeden Fall erhebliche

---

[20] Ein Beispiel für eine derartige psychologisch richtig erkannte publizistische Idee ist der Berliner Lokal-Anzeiger gewesen. „Weil August Scherl darum wußte, daß die Hausmeister und Milchfrauen keine große Politik, sondern nur die kleinen Menschlichkeiten des Alltags erfahren wollten, gab er ihnen ihr Blatt und schlug damit jede Konkurrenz" (Hagemann, Die Zeitung als Organismus, Heidelberg 1950, S. 180).

[21] Im Gegensatz zu der Zeit nach 1945 erschienen vor 1933 nur etwa 3 bis 5 % der deutschen Zeitungen im Lohndruck. Auch heute macht sich im Zeitungsgewerbe wieder die gleiche Tendenz bemerkbar (vgl. Hagemann, a. a. O., S. 179).

Investitionen gespart, jedoch erscheint es mehr als zweifelhaft, ob der Verleger auf diese Art sein mit der Herausgabe der Verlagserscheinung verbundenes Risiko vermindern kann. Denn einerseits erhöht er seine Druckkosten um die Gewinnspanne der Druckerei, wobei letztere sehr häufig die Preise bestimmt. Anderseits begibt er sich in ein Abhängigkeitsverhältnis zu der Druckerei, das nicht nur auf seine freie publizistische Entfaltung, sondern auch auf seine wirtschaftlichen Dispositionen entscheidenden Einfluß auszuüben vermag. Dagegen wirkt es unbedingt risikovermindernd, wenn die Zeitungsgründung von einem Druckereiunternehmen vorgenommen wird, weil hierbei die Amortisation des Anlagekapitals normalerweise zum überwiegenden Teil durch den bereits bestehenden Druckereibetrieb gesichert ist. Hierbei handelt es sich aber dann nicht mehr um eine echte Zeitungsgründung.

Für die Entstehung eines wirtschaftlichen Wertes und damit auch für die Bilanzierung von Verlagsrechten ist die Kenntnis dieser Tatbestände von großer Bedeutung. Außerdem verursachten diese organisatorischen und finanziellen Aufgaben auch die in der Zeitungsbranche seit Jahrzehnten zu beobachtende starke Konzentration, die allerdings in Deutschland auch sehr von der Bildung von Meinungskonzernen beeinflußt war. Hierzu gehörten beispielsweise die Konzentrations AG, die 129 SPD-Blätter vereinte, und vor allem der Hugenberg-Konzern. Diesem war nicht nur die Scherl-Presse und eine ganze Reihe von Provinzzeitungen, sondern auch andere meinungsbildende Unternehmungen angeschlossen. Hierzu gehörten u. a. die Telegrafen Union G.m.b.H. (T.U.) — die etwa 1200 Zeitungen mit Nachrichten versorgte —, die Ala Anzeigenexpedition A.G., eine Maternkorrespondenz — die zahlreiche Provinzzeitungen mit politischen und sonstigen Artikeln durch die Übersendung von Matern belieferte — und schließlich auch die Universum-Film A.G. — das größte deutsche Filmunternehmen —. Übertroffen wurde allerdings der Hugenberg-Konzern in bezug auf Größe und hinsichtlich der Möglichkeit der Meinungsbeeinflussung durch den sogenannten N.S.-Pressetrust, der im Oktober 1944 von insgesamt 977 deutschen Zeitungen mit einer Auflage von zusammen rd. 25 Millionen 352 Blätter mit einer Auflage von fast 21 Millionen unter einer Leitung vereinte.[22]

III. Die Entstehung von Verlagsrechten und ihre wirtschaftliche Bedeutung

1. Das Buchverlagsrecht

Bei Buchverlagsrechten setzt die Legaldefinition des § 1 VG voraus, daß die Auswertung eines Werkes durch Dritte erfolgt. Weiterhin ist

---

[22] Presse in Fesseln, Berlin 1948, S. 116.

Voraussetzung, daß der Verleger das ihm zur Vervielfältigung und Verbreitung übertragene Werk auf eigene Rechnung und eigenes Risiko sowie unter eigenem Namen verlegt. Nur in einem derartigen Fall entsteht ein Verlagsrecht, und zwar durch Abschluß eines Verlagsvertrages. Demzufolge handelt es sich beim Selbstverlag ebenso wie beim Kommissionsverlag nicht um die Auswertung von Verlagsrechten im Sinne des Verlagsgesetzes, da rechtsverbindliche Verpflichtungen, wie sie der § 1 VG vorsieht, hier nicht vorliegen. Die Ausnutzung der Verlagsrechte auf eigene Rechnung ist für den Verleger immer mit einem wirtschaftlichen, für die Bilanzierung beachtlichen Risiko verknüpft, da die Übertragung des Verlagsrechtes nach § 1 VG mit der Verpflichtung zur Vervielfältigung und Verbreitung des betreffenden Werkes verbunden ist. Der Umfang und die Form der Ausnutzung von Buchverlagsrechten richtet sich also, sobald der Verlagsvertrag erst einmal abgeschlossen ist, nicht nach wirtschaftlichen Erwägungen, z. B. nach den Ertragschancen, sondern ausschließlich nach den im Verlagsvertrag festgelegten Bestimmungen. Der Verleger muß bereits vor Eintritt in den Verlagsvertrag seine wirtschaftlichen Möglichkeiten, die ihm aus dem betreffenden Werk erwachsen, schätzungsweise beurteilen. Diesen Schwierigkeiten trägt in der Regel der Verlagsvertrag insofern Rechnung, als er in den meisten Fällen so abgefaßt wird, daß er dem Verleger hinsichtlich der Auflage bzw. deren Höhe ausreichend Spielraum läßt, um diese den Absatzmöglichkeiten anzupassen. Nach den in der Praxis am häufigsten vorkommenden Formen von Verlagsverträgen erstreckt sich der Umfang der Buchverlagsrechte auf:

a) eine einmalige Auflage, deren Höhe sich, wenn nicht anders bestimmt, auf 1000 Abzüge beläuft;

b) die Veranstaltung mehrerer Auflagen, die nie kraft Gesetzes, sondern stets nur durch den Verlagsvertrag — gewöhnlich in Form der Option — eingeräumt wird;

c) eine unbegrenzte Zahl von Auflagen, deren Veranstaltung ebenfalls nur durch den Verlagsvertrag ermöglicht wird und die in der Praxis die gebräuchlichste Form der Übertragung ist;

d) die beschränkte oder unbeschränkte Übertragung des Urheberrechtes, gegebenenfalls unter Begrenzung auf ein bestimmtes Gebiet (gem. § 8 LUG) — wobei es sich jedoch dann nicht mehr um ein Verlagsrecht handelt[23] —.

---

[23] „Eine Übertragung des Urheberrechtes ist nach der heutigen Auffassung als Anomalie gegenüber dem persönlichkeitsrechtlichen Kern des Urheberrechtes anzusehen". Deshalb fungieren z. B. die Musikverleger nur als eine Art Treuhänder für den Autor. In der künftigen deutschen Gesetzgebung soll aus diesem Grunde eine Übertragung des Urheberrechtes nicht mehr zugelassen werden. Vgl. Voigtländer-Elster, Urheberrecht, Berlin 1942.

Die Höhe der Auflagen, die sich nach der Zahl der Abzüge bemißt, und die eine der wichtigsten wirtschaftlichen Bedingungen des Verlagsverhältnisses ist, unterliegt gewöhnlich ebenfalls den Bestimmungen des Verlagsvertrages. Im allgemeinen sind hierbei die folgenden Abmachungen üblich:[24]

a) für jede Auflage wird eine bestimmte Zahl von Abzügen festgesetzt;

b) die Zahl der Abzüge wird nur für die erste Auflage festgesetzt, während die Höhe der folgenden Auflagen späteren Vereinbarungen vorbehalten bleibt, um das Verlegerrisiko zu mindern;

c) die Zahl der Abzüge wird für alle Auflagen zusammen bestimmt, und die Verteilung der Abzüge auf die einzelnen Auflagen wird dem Verleger überlassen;

d) dem Verleger wird über die Zahl der Abzüge völlige Freizügigkeit gewährt;

e) ist die Zahl der Abzüge im Verlagsvertrag nicht bestimmt, so ist der Verleger gem. § 5 VG berechtigt, 1000 Abzüge herzustellen.

Für die Rechte an Beiträgen zu periodischen Sammelwerken (insbesondere Zeitungen), die ebenfalls zu dieser Gruppe von Verlagsrechten gehören, sieht das Verlagsgesetz hinsichtlich Auflagen und Auflagenhöhe einige Besonderheiten vor, die den Bedürfnissen der Praxis angepaßt sind. Üblicherweise erstreckt sich der Umfang dieser Rechte auf:

a) Vereinbarung des ausschließlichen Verlagsrechtes;

b) Übertragung des unumschränkten Verfügungsrechtes, was einer Übertragung des Urheberrechtes gleichkommt (für Artikel selten, bei Fotografien etc. dagegen sehr häufig);

c) liegen keine besonderen Vereinbarungen vor (häufig bei Beiträgen zu Zeitungen und Zeitschriften), so richtet sich der Umfang des Rechtes nach den §§ 42—46 VG (Ausschließlichkeit auf 1 Jahr etc.).

Hinsichtlich der Zahl der Abzüge ist der Verleger von periodischen Sammelwerken bei Beiträgen keiner Beschränkung unterworfen; bei Beiträgen zu nichtperiodischen Sammelwerken gelten die obigen Ausführungen entsprechend.

Die Buchverlagsrechte werden durch den Verlagsvertrag also nicht nur begründet, sondern von vornherein auch gleich nach Art und Umfang fest umrissen. Darüber hinaus enthält der Verlagsvertrag häufig noch andere Bedingungen (z. B. Termin der Abgabe und der Veröffentlichung — Bestellvertrag — etc.). Hierzu gehört in der Regel vor allem auch die Festlegung des Kaufpreises[25]. Dieser richtet sich

---

[24] Bappert-Maunz, a. a. O., S. 113.
[25] Theoretisch ist es ebenso möglich, ein Verlagsrecht unentgeltlich zu erwerben — z. B. Schenkung —, jedoch kommt dies nur relativ selten vor.

nach den zu erwartenden Ertragschancen des betreffenden Werkes. Da diese jedoch meist nur annähernd abgeschätzt werden können, wird nur selten ein Fixum vereinbart. Die in der Praxis am meisten vorkommenden Formen der Honorierung sind:

a) prozentuale Beteiligung am Umsatz;

b) prozentuale Beteiligung am Gewinn;

c) prozentuale Beteiligung am Umsatz oder am Gewinn unter Zusicherung eines Mindestbetrages;

d) ein einmalig für eine bestimmte Auflage zu zahlender Pauschalbetrag, gegebenenfalls mit Optionsrecht auf weitere Auflagen.

Durch die Zahlung eines festen Kaufpreises bzw. durch die Zahlung einer Garantiesumme wäre dem Verlagsrecht zwar ein bilanzfähiger Wert gegeben, wirtschaftliche Bedeutung hat es jedoch noch nicht erlangt. Der wirtschaftliche Wert des Buchverlagsrechtes richtet sich vielmehr lediglich danach, welchen Anklang das betreffende Buch beim Publikum findet — nach dem Erfolg —, der jedoch vorher nicht bestimmbar ist. Darüber hinaus erlangt das Buchverlagsrecht sehr häufig auch eine besondere Bedeutung im Zusammenhang mit der Schaffung eines Firmenwertes, dem Verlagswert der Unternehmung. Namentlich gilt das für die Herausgabe ganzer Bücherserien, wie die „Ro Ro Ro Reihe", die „Insel-Bücherei", die „Uhlen-Bücher" u. a. Wesentlich ist hierbei, daß der Verleger Kosten aufwenden muß, die ihren Niederschlag nicht in dem Erfolg eines einzelnen Werkes, sondern in dem einer Serie finden. Hierauf wird bei der Erörterung des Gesamtwertes der Verlagsunternehmung — Kap. D — noch näher eingegangen. Im übrigen gleicht ein Verlagsrecht an einer Bücherserie mit gewissen Abweichungen dem Verlagsrecht an periodischen Sammelwerken, weshalb die diesbezüglichen Ausführungen sinngemäß hierfür Anwendung finden.

2. Das Zeitungsverlagsrecht

Die Entstehung von Buchverlagsrechten ist verhältnismäßig klar und eindeutig, da sie stets mit dem Verlagsvertrag gekoppelt sind. Ihre wirtschaftliche Bedeutung ist einerseits in den ihnen anhaftenden Ertragschancen und zum anderen in ihrem Zusammenwirken innerhalb der Verlagsunternehmung begründet. Die wirtschaftliche Bedeutung von Zeitungsverlagsrechten und anderen periodisch erscheinenden Sammelwerken ist dagegen von einer ganzen Reihe von Faktoren abhängig. Während es sich bei Buchverlagsrechten um durch den Verlagsvertrag klar umrissene, selbständige, ausschließliche Rechte handelt, rechnen die Zeitungsverlagsrechte zu den sonstigen immateriellen Wirtschaftsgütern. Ihr rechtlicher Charakter — der Titelschutz — tritt bei der Bestimmung ihres wirtschaftlichen Wertes zugunsten des rechtlich ungeschützten Gedankens über den Inhalt, die Form und die Ausstattung der betreffenden Zeitung völlig in den Hintergrund.

Ähnlich wie bei der Mehrzahl der immateriellen Wirtschaftsgüter — Patente, Gebrauchsmuster usw. — beruht der Wert dieser Rechte also vornehmlich auf der ihnen zugrunde liegenden Idee. Diese muß dazu geeignet sein, ein Bedürfnis zu befriedigen. Während bei Patenten und ähnlichen Rechten das Bedürfnis in der Regel offen zu Tage tritt, muß bei Zeitungsverlagsrechten fast immer erst ein latentes Bedürfnis geweckt werden. Ob für eine neu einzuführende Verlagserscheinung ein offenes oder latentes Bedürfnis überhaupt gegeben ist, kann der betreffende Verleger nur auf Grund seiner Fachkenntnisse und seines Einfühlungsvermögens für den Markt beurteilen. Er wird zwar versuchen, vermittels einer Marktanalyse, bei der vor allem die Möglichkeit des Anzeigenabsatzes von großer Bedeutung ist, gewisse Grundlagen für seine Beurteilung zu bekommen; letztlich entscheidend wird jedoch immer die Schlagkraft sein, die er der seiner Verlagserscheinung zugrunde liegenden Idee beimißt. Die Schlagkraft, mit der der Verleger bei seiner neu einzuführenden Verlagserscheinung rechnet, ist einer der wichtigsten Faktoren der auf längere Sicht zu erwartenden Ertragschancen. Diese sind, abgesehen von ihrer grundsätzlichen Bedeutung für die Bewertung von immateriellen Wirtschaftsgütern, Unternehmungen und anderen Objekten, für den Verleger eines periodischen Sammelwerkes deshalb von besonderer Wichtigkeit, weil er gezwungen ist, für die Einführung einer neuen Verlagserscheinung recht beträchtliche Mittel aufzuwenden. Der Zeitfaktor spielt bei diesen Überlegungen eine große Rolle, weil Zeitungen, Zeitschriften u. ä. zwar in den ersten fünf Jahren ihrer Einführung eine hohe Sterblichkeit aufzuweisen haben, andererseits aber, sobald sie die Einführungsjahre überstanden haben, von großer Langlebigkeit sind, es sei denn, daß exogene Einflüsse — politische Umwälzungen u. ä. — zu ihrer Einstellung führen.

Wie schon oben erwähnt, muß der Verleger für die Einführung einer neuen Verlagserscheinung erhebliche finanzielle Mittel aufwenden. Allein schon die Stoffbeschaffung, die technische Herstellung sowie der normale Vertrieb erfordern beträchtliche Investitionen. Bei der Einführung kommen dann noch die Kosten für Werbung, Freiexemplare und unter Umständen auch Aufwendungen zur Ausschaltung der Konkurrenz usw. dazu, denen zunächst keine oder nur geringe Einnahmen gegenüberstehen. „Eine neue Tageszeitung muß, ehe sie Einnahmen erzielt, täglich unverdrossen Werte produzieren und diese halb oder sogar ganz verschenken."[26] Deshalb sind die sogenannten

---

[26] Schmidt, Kauf, Gründung und Finanzierung von Zeitungen und Zeitschriften, Leipzig 1903, S. 20.

Einführungskosten für den oder die Gründer einer Zeitung von eminenter Bedeutung.

Im allgemeinen rechnet man zu den Einführungskosten alle Aufwendungen der Herstellung und des Vertriebes, die notwendig sind, um der betreffenden Verlagserscheinung in einem bestimmten Gebiet einen sicheren Absatz zu gewährleisten. Dazu gehören bei Zeitungen und Zeitschriften neben der Publikation auch die Gewinnung eines festen Abnehmerkreises (Abonnenten). Im übrigen richten sich die Art und die Höhe der Einführungskosten nach dem Charakter der Verlagserscheinung und nach den Verhältnissen, unter denen sie erstmalig vertrieben wird. Das bedeutet, daß die Bestimmung der Einführungskosten einer Zeitung oder Zeitschrift im voraus nur bei Kenntnis des Charakters der Verlagserscheinung und unter Berücksichtigung der individuellen Verhältnisse, unter denen die betreffende Verlagserscheinung herausgegeben wird, möglich und auch dann noch immer von beachtlichen Imponderabilien abhängig ist. Welche Faktoren hierbei mitsprechen können, sei im folgenden — ohne Anspruch auf Vollständigkeit — kurz dargestellt.

Während bei Zeitungen oder Zeitschriften die Verbreitung von Freiexemplaren Uso ist, wird man für Nachschlagewerke, Kalender und dergleichen in dieser Form nicht werben. Auch wird eine Fachzeitschrift ganz anders als eine Tageszeitung propagiert werden. Außerdem sind häufig die kulturellen und politischen Verhältnisse für die Werbung mitbestimmend. So war die Einführung der Berliner Totozeitung durch die allgemeine Beliebtheit des Fußballtotos wesentlich begünstigt und in der ersten Zeit nach dem 2. Weltkrieg war — abgesehen von der Schwierigkeit, eine Lizenz zu erlangen — die Einführung neuer Zeitungen infolge der Gründung zahlreicher Parteien und infolge der allgemeinen Nachfrage nach Tageszeitungen wesentlich leichter als heute. Der Lizenzierungszwang bewirkte, daß die einmal lizenzierten Zeitungen eine gewisse Monopolstellung erlangten, die durch die Kontingentierung des Papiers noch verstärkt wurde. Die Zeitungen wurden damals allein schon deshalb gekauft, weil Papier in jeder Form äußerst knapp und nur durch den Zeitungskauf relativ billig erworben werden konnte. Eine von der Militärregierung nicht geförderte Konkurrenz konnte dagegen nicht aufkommen. Die Wiedereinführung der „Berliner Morgenpost" dagegen wird trotz des alten Namens und der Tradition, an die sie anknüpfen konnte, erheblich größere Schwierigkeiten und höhere Kosten bereitet haben, da zu dieser Zeit bereits zahlreiche Tageszeitungen in Berlin gut eingeführt waren und besondere wirtschaftliche oder politische Verhältnisse, die die Verbreitung förderten, nicht gegeben waren. Zur Verminderung des Konkurrenzkampfes wurde von der Ullstein A.G. der „Berliner Anzeiger" aufgekauft, der Abonnentenstamm übernommen und die Zeitung selbst stillgelegt. Hierfür wurde ein beträchtlicher Kaufpreis gezahlt, der sich also nicht auf den Namen, sondern auf die Organisation bzw. auf den Kundenstamm des „Berliner Anzeigers" bezog.

Auch in bezug auf die Höhe der Einführungskosten können feste Voraussagen kaum gemacht werden. Der bekannte Zeitungswissenschaftler Schmidt versuchte bereits 1903 die Kosten der Einführung einer Zeitung in einer mittleren Provinzstadt zu schätzen und kam dabei zu folgendem Ergebnis[27]: Eine Zeitung, die in einer Stadt von etwa 150 000 Einwohnern eine Auflagenhöhe von rd. 30 000 Exemplaren erreichen soll, muß etwa 3 Monate mit einer Auflage von 40 000 bis 50 000 Stück gratis ausgeliefert werden. Hierdurch entsteht ein täglicher Aufwand von rd. M 1000,—, dem zunächst kein Ertrag gegenübersteht. Anderseits würden hierdurch ungefähr 20 000 Abonnenten zu einem niedrigen Preis von M 0,30 pro Monat gewonnen und Anzeigeneinnahmen von etwa M 150,— täglich erreicht werden. Der tägliche Zuschuß würde sich dann noch auf etwa M 450,— belaufen und sich bis Ende des Jahres auf rd. M 250,— vermindern. Insgesamt muß jedoch im ersten Jahr mit einem Verlust von M 150 000,— gerechnet werden, der sich im zweiten Jahr noch um etwa M 40 000,— erhöht. Hierbei hat Schmidt günstige Verhältnisse vorausgesetzt; bei Existenz eines Konkurrenzblattes würde sich dieser Einführungsverlust noch beträchtlich erhöhen. Außerdem rechnet Schmidt noch zusätzlich mit Kosten der Betriebseinrichtung in Höhe von M 200 000,—.

Zu einem ähnlichen Ergebnis kam Bartosch[28], der auf Grund verschiedener Versuche im Jahre 1929 die monatlichen Kosten einer in Berlin einzuführenden Zeitung auf M 30 000,— bis M 50 000,— und die einer kleinen Provinzzeitung auf M 2400,— bis M 3500,— schätzte.

Die Höhe der bei der Einführung neuer Verlagserscheinungen entstehenden Kosten sei an einigen Beispielen erläutert:[29]

a) Die Einführung des am 3. November 1883 erstmalig erschienenen „Berliner Lokal-Anzeigers" verursachte bei einer für die damaligen Verhältnisse gewaltigen Auflage von 200 000 Exemplaren in den ersten 4 Jahren seines Erscheinens folgende Verluste:

per 31. Dezember 1884   99 136,15
per 31. Dezember 1885   188 547,67
per 31. Dezember 1886   263 507,05
per 31. Dezember 1887   357 614,25

Diese Verluste in Höhe von fast M 360 000,— wurden zum Ausgleich der Bilanz als „Verlagswert BLA" in Ansatz gebracht. Eine Berechti-

---

[27] Schmidt, a. a. O., S. 21.
[28] Bartosch, Falscher Ehrgeiz, Der Zeitungsverlag Nr. 27, 1929.
[29] Die Beispiele wurden der Dissertation Die Entstehung eines deutschen Presse-Großverlages, von J. Schanz entnommen, S. 3 ff.

gung für diesen Wertansatz war auf Grund der Rentabilität dieser Zeitung damals noch nicht gegeben. Anderseits war durch die Schaffung eines Absatzgebietes und eines festen Abnehmerkreises sowie durch die Einrichtung der für die Herstellung und den Vertrieb erforderlichen Organisation ein derartiger Wert begründet, was sich durch die spätere Entwicklung der Ertragslage dieser Zeitung auch als gerechtfertigt erwies.

b) Eine andere im Scherl-Verlag erschienene Zeitung (1889) die „Berliner Abend-Zeitung", verursachte lediglich im ersten Jahr ihres Erscheinens einen Verlust, während die folgenden schon Gewinne erbrachten: Gegen die Einführungskosten in Höhe von M 251 420,98 wurden Einnahmen aus Abonnements und aus Inseraten von zusammen M 93 241,35 verrechnet. Der somit entstandene Verlust von M 158 179,63 wurde ebenfalls als Verlagswert aktiviert.

c) Als Beispiel für andere periodische Sammelwerke seien hier noch die Einführungskosten für das ebenfalls im Scherl-Verlag erschienene „Neue Adreßbuch für Berlin und Vororte" angeführt. Dieses Adreßbuch wurde erstmalig 1895, und zwar mit einer Auflagenhöhe von 30 000 herausgegeben. Es kostete damals nur M 6,—, während ein gleichartiges Werk, „Das Loewenthal'sche Adreßbuch", M 15,— kostete. Dieser Preis verursachte trotz der relativ hohen Auflagen in den ersten vier Jahren des Erscheinens folgende Verluste:

Geschäftsjahr 1895/96	247 714,19
Geschäftsjahr 1896/97	199 218,47
Geschäftsjahr 1897/98	60 814,78
Geschäftsjahr 1898/99	19 931,66
zusammen	527 679,10

Außerdem wurde zur Vermeidung von Konkurrenzstreitigkeiten an den Verlag W. u. S. Loewenthal für deren Rechte an einem Adreßbuch für Berlin eine Abfindung in Höhe von M 660 000,— gezahlt. Insgesamt wurden also M 1 187 679,10 für die Einführung dieses Adreßbuches aufgewendet. Auch diesen Betrag aktivierte der Scherl-Verlag unter der Bezeichnung „Verlagswert". Weitere Beispiele für die Einführungskosten von Zeitungen und Zeitschriften enthält der Anhang 3.

Daß derartige durch die Einführung einer Verlagserscheinung verursachte Kosten einen effektiven wirtschaftlichen Wert begründen, geht aus der Tatsache hervor, daß bei der Übertragung von Verlagsrechten hierfür Entgelte gezahlt werden, die die Einführungskosten zum Teil erheblich übersteigen. Hieraus geht anderseits auch hervor, daß die Einführungskosten keinesfalls den wirtschaftlichen Wert des Verlagsrechtes repräsentieren, sondern lediglich Anhaltspunkte und zugleich die Begründung für einen aktivierbaren Verlagswert sind. Für den Wert, der gut eingeführten Verlagserscheinungen beizulegen ist, seien folgende Beispiele gegeben:[30]

a) Drei von August Scherl gegründete Zeitungen, der „Berliner Lokal-Anzeiger" mit Einführungskosten von
rd. M   358 000,—

die „Berliner Abend-Zeitung" mit Einführungskosten von
rd. M   158 000,—

und die „Neuesten Berliner Handels- und Börsennachrichten" mit Einführungskosten von rd. M   227 000,—

zusammen rd. M   743 000,—

wurden bei der Einbringung in die „Berliner Lokal-Anzeiger August Scherl G.m.b.H." mit zusammen M 7 235 000,— bewertet.

b) Auch der Wert des „Adreßbuches für Berlin und seine Vororte" wurde bei der Einbringung dieses Verlagsrechtes in die „Berliner Adreßbuch G.m.b.H." wesentlich höher als zu den Einführungskosten beziffert. Während die Einführungskosten sich wie oben angegeben auf rd. M 1 188 000,— beliefen, erfolgt der Wertansatz in der G.m.b.H. mit M 1 930 000,—.

Die Realität dieser Wertansätze wurde durch die nachfolgende Entwicklung der beiden Gesellschaften bewiesen. Die aus dem Scherl-Verlag hervorgegangenen Nachfolgeunternehmungen haben sich bis zum Ende des 2. Weltkrieges zu einem der größten deutschen Presse-Konzerne entwickelt und waren zu dieser Zeit äußerst rentabel und gut fundiert.

Daß die Verhältnisse hinsichtlich der Einführungskosten für eine Zeitung auch heute noch ähnlich gelagert sind, zeigt das folgende Beispiel:

Eine im Jahre 1949 erstmalig herausgegebene Zeitung verursachte im ersten Jahr ihres Erscheinens Einführungsverluste in Höhe von rd. DM 395 000,—, hatte aber eine Auflagenziffer von über 100 000 Exemplaren erreicht. Diese Anlaufsverluste wurden in der Bilanz als „Verlagswert" der Zeitung aktiviert. Bereits in den folgenden Jahren brachte die Verlagserscheinung Gewinne, die die Höhe des Verlagswertes nahezu erreichten. Im Zuge späterer Verkaufsverhandlungen wurde der Wert dieses Verlagsrechtes mit ca. 1,5 Mio. DM beziffert und auch bezahlt.

Wie die angeführten Beispiele zeigen, beruht der Wert eines Verlagsrechtes — in der Praxis meist als „Verlagswert" bezeichnet — keinesfalls allein auf den kapitalmäßigen Investitionen bzw. auf den Einführungskosten. Der Wert des Verlagsrechtes (an Zeitungen) wird

---

[30] Schanz, a. a. O., S. 25.

vielmehr repräsentiert durch die vermittels der Einführungskosten geschaffene Organisation und durch die erzielten sicheren Absatzmöglichkeiten. Diese sind zwar mit dem wettbewerblich geschützten Titel eng verbunden, beruhen aber hauptsächlich auf der durch die Einführungspropaganda geweckten Nachfrage des Leserkreises nach der betreffenden Verlagserscheinung bzw. auf dem Bedürfnis nach der von dieser vertretenen Meinung. Die Höhe dieser Verlagswerte richtet sich nicht nach den Einführungskosten, sondern ausschließlich nach den Ertragschancen. Der Teil des Verlagswertes, der die anfänglichen Investitionen und Einführungskosten übersteigt, ist die Risikoprämie für den Verleger.

Substantiell ist der Wert von Verlagsrechten an periodischen Sammelwerken weder dem Wert eines Rechtes (Titelschutzrecht) noch dem eines ideellen Wirtschaftsgutes gleichzusetzen. Wie wenig der Wert eines Verlagsrechtes von dem Titel der Verlagserscheinung abhängig ist, geht aus der Tatsache hervor, daß Namensänderungen von Zeitungen und Zeitschriften den Verlagswert in den wenigsten Fällen beeinflussen.[31]

Der Verlagswert ist vielmehr ein Konglomerat von Werten; und zwar der Wert einer Idee, der einer Organisation und der eines Kundschaftskreises, die alle mit dem Titelschutzrecht eng verbunden sind. Es handelt sich also vornehmlich um ideelle Werte, die jedoch in ihrer Gesamtheit — und das ist das entscheidende Kriterium — ein selbständiges immaterielles Wirtschaftsgut ergeben. Deshalb ist der Verlagswert trotz seiner engen Beziehungen zu den ideellen Werten, die unabhängig von der Unternehmung nicht veräußert werden können, keinesfalls mit dem Geschäftswert einer Verlagsunternehmung, dem Firmenverlagswert, zu verwechseln, wie das sowohl in der Praxis als auch in der Literatur häufig geschieht.[32] Der Firmenverlagswert aber beinhaltet sehr häufig auch einen oder mehrere Verlagswerte, wobei es sich um positive aber auch um negative Verlagswerte handeln kann. Diese Begriffsbestimmung der Verlagswerte, der Rechte an periodischen Sammelwerken, wirkt sich sowohl bei der Behandlung dieser Rechte hinsichtlich ihrer formellen Bilanzierung als auch bezüglich ihrer handelsrechtlichen und steuerrechtlichen Bewertung aus.

---

[31] Als Beispiel hierzu sei darauf hingewiesen, daß die Namensänderung der Zeitschrift „Sport im Bild" in „Silberspiegel" die Auflagenhöhe in keiner Weise beeinflußt hat (Scherl-Verlag).

[32] Brönner, Die Bilanz nach Handels- und Steuerrecht, Stuttgart 1952, S. 471. RFH v. 28. Februar 1930 II A 84/28 RStBl 1930, S. 287; Gutachten von Sachverständigen im Zeitungsfach.

B. Die formelle Bilanzierung von Verlagsrechten

I. Allgemeine handelsrechtliche Vorschriften und Bilanzierungsgrundsätze

Jeder Kaufmann, auch der Verleger eines Buches oder einer Zeitschrift etc.[1], ist nach § 38 HGB verpflichtet, jährlich eine Bilanz zu erstellen, in der sämtliche Vermögensgegenstände nach dem Wert anzusetzen sind, der ihnen im Zeitpunkt der Bilanzerstellung beizulegen ist (§ 40 HGB). Was im einzelnen darunter zu verstehen ist, klärt der Gesetzgeber nicht. Insbesondere enthält er sich einer Definition des Begriffes „Vermögensgegenstände" sowie einer Erläuterung zum Wertansatz. Ob Verlagsrechte oder ganz allgemein die immateriellen Werte, zu denen die Verlagsrechte in ihrer verschiedenen Form zu rechnen sind, den „Vermögensgegenständen" zugeordnet werden können, ist aus dem Gesetz nicht ersichtlich. Nicht ganz so allgemein gehalten wie die Bestimmungen des Handelsgesetzbuches sind die Vorschriften des Aktiengesetzes[2]. Im § 131 dieses Gesetzes sind Vorschriften über die Gliederung der Jahresabschlußbilanz enthalten, die die wichtigsten Bilanzpositionen einzeln aufführen und ihren gesonderten bilanzmäßigen Ausweis erforderlich machen. Die Zugehörigkeit bestimmter Wirtschaftsgüter zu den im § 131 genannten Bilanzpositionen ist jedoch weder aus dem Gesetz noch aus den verschiedenen Kommentaren hierzu in allen Fällen ersichtlich. Deshalb sind diese Vorschriften — wie der Gesetzgeber ausdrücklich betont — unbeschadet einer weiteren branchenbedingten Aufteilung nur als Zwang für eine Mindestgliederung anzusehen.

Von besonderer Bedeutung für die Bilanzierung sind die im § 133 Akt.Ges. niedergelegten Bewertungsmaßstäbe, da sie in enge Beziehung zu den Gliederungsvorschriften gesetzt sind. Neben einigen besonderen Bewertungsvorschriften — z. B. für den Geschäfts- oder Firmenwert sowie für die sogenannten Organisationskosten — sind hierdurch die Höchstwerte des Bilanzansatzes der verschiedenen Wirtschaftsgüter im Jahresabschluß der Unternehmung festgesetzt. Da hierbei grundlegende Unterschiede zwischen den Gegenständen des Anlagevermögens

---

[1] Gemeint sind hier nur Kaufleute im Sinne des § 1 HGB, also Verleger, deren Betrieb über den Umfang eines Kleingewerbes hinausgeht (§ 4 HGB).
[2] Gesetz über Aktiengesellschaften und Kommanditgesellschaften auf Aktien (Aktiengesetz vom 30. Januar 1937).

(Anschaffungswert) und denen des Umlaufvermögens (Niederstwert) gemacht werden, ist es für die Bewertung von eminenter Bedeutung, ob die betreffenden Gegenstände dem Anlage- oder dem Umlaufvermögen zuzurechnen sind. Der Gesetzgeber führt hierzu aus, daß innerhalb des Anlagevermögens nur diejenigen Gegenstände zu bilanzieren seien, die am Abschlußtage dazu bestimmt sind, dauernd dem Geschäftsbetrieb der Unternehmung zu dienen (§ 131 Abs. 4 Akt.Ges.)

Hinsichtlich der Verlagsrechte bringen weder das HGB noch das Aktiengesetz spezifische Vorschriften. Lediglich aus der Erwähnung der „ähnlichen Rechte" unter der Position AII 5 des § 131 Akt.Ges. im Zusammenhang mit Konzessionen, Patenten, Marken etc. könnte die Vermutung abgeleitet werden, daß die Verlagsrechte unter dieser Position auszuweisen sind. Daß das jedoch nicht so eindeutig ist, werden die folgenden Ausführungen noch ergeben. In Ermangelung handelsrechtlicher oder aktienrechtlicher Vorschriften muß die Frage der Bilanzierung von Verlagsrechten deshalb nach den Grundsätzen ordnungsgemäßer Buchführung und Bilanzierung (§ 38 HGB) entschieden werden. Da der Gesetzgeber sich auch über diesen Begriff nicht weiter ausläßt, sondern seine Deutung der Rechtsprechung bzw. der Praxis überläßt, ist letztlich die Erwägung des vorsichtig und rechtschaffen bilanzierenden Kaufmannes entscheidend. Leider lassen sich jedoch — wie in den Anhängen 1 und 2 im einzelnen dargestellt ist — auch aus den Gepflogenheiten der Praxis sowie aus der Literatur keine einheitlichen Grundsätze für die Bilanzierung der Verlagsrechte ableiten. Buchverlagsrechte werden teils als besondere Position des Anlagevermögens, teils als Abgrenzungsposten oder Anzahlungen und zum Teil auch als Bestandswert zusammen mit den betreffenden Büchern ausgewiesen. Für Zeitungsverlagsrechte findet man den Ausweis unter den Positionen „Konzessionen, Patente, Lizenzen, Marken und ähnliche Rechte", „Geschäfts- oder Firmenwert", „Kosten der Betriebseinrichtung" u. a. Die Probleme der Bilanzfähigkeit der Verlagsrechte und die Form ihres bilanzmäßigen Ausweises sollen daher im folgenden näher untersucht werden.

Von besonderer Bedeutung hierfür ist die Frage, welche Form der bilanzmäßigen Behandlung dieser Rechte sich mit den allgemeinen Bilanzierungsgrundsätzen, deren Einhaltung die Voraussetzung für die Ordnungsmäßigkeit der Bilanz ist, am besten vereinbaren läßt. Zu diesen Grundsätzen zählen vor allem die Prinzipien der Bilanzwahrheit und der Bilanzklarheit. „Der Grundsatz der Bilanzwahrheit ist mit dem Problem der Bewertung auf das engste verbunden",[3] weshalb in diesem Zusammenhang darauf noch näher eingegangen werden wird. Durch die handelsrechtlichen und in noch stärkerem Maße durch die

---

[3] Fleischhauer, Bilanzierungsgrundsätze, S. 11.

aktienrechtlichen Bewertungsvorschriften sind der Durchbrechung dieses Grundsatzes nahezu keine Schranken gesetzt. Während die handelsrechtlichen Bestimmungen wenigstens noch die Bewertung zu Zeitwerten vorsehen (§ 40 HGB), sind durch das Aktiengesetz lediglich die Höchstwerte für die verschiedenen Vermögensgegenstände festgelegt worden. Die Unterbewertung dagegen— gegebenenfalls bis zu Erinnerungswerten von DM 1,— — ist gesetzlich sanktioniert. Wenn es auch verständlich ist, daß diese Vorschriften hauptsächlich im Interesse des Gläubigerschutzes erforderlich waren, so kann doch — wie die Praxis zeigt — in vielen Fällen von einer Bilanzwahrheit nicht mehr gesprochen werden.[4]

Der Grundsatz der Bilanzklarheit ist durch das aktenrechtliche Gliederungsschema sowie durch die sonstigen Formvorschriften des Aktiengesetzes weitestgehend interpretiert. Die Fülle der verschiedenartigen Wirtschaftsgüter und die branchenbedingten Eigenarten vieler Unternehmungen machten es dem Gesetzgeber jedoch unmöglich, eine völlig eindeutige und alles umfassende Gliederung zu geben. Er mußte sich statt dessen damit begnügen, einen Gliederungsrahmen festzulegen, und überließ es der Wirtschaft selbst, unerwähnte Vermögensgegenstände in das aktienrechtliche Gliederungsschema einzuordnen bzw. wenn nötig, die Bilanz noch weiter aufzuteilen. Im besonderen Umfange gilt dies für die immateriellen Wirtschaftsgüter, unter denen die Verlagsrechte eine nicht unbedeutende Rolle spielen. Wie groß die Unsicherheit hinsichtlich der Bilanzklarheit aber gerade auf diesem Gebiet ist, beweisen die unterschiedlichen Bilanzierungsformen von Verlagsrechten in der Praxis.

Die Bilanzen vieler Verlagsgesellschaften zeigen darüber hinaus auch die Durchbrechung zweier weiterer Bilanzgrundsätze, die zwar mit den beiden erstgenannten in engem Zusammenhang stehen, dennoch aber besondere Bedutung haben. Es handelt sich hierbei um die Einhaltung der Bilanzidentität und der Bilanzkontinuität. Bei zahlreichen Verlagsunternehmungen — auch bei Aktiengesellschaften — wird gegen diese Prinzipien bei der Bilanzaufstellung häufig verstoßen. Dies gilt ebenfalls wieder im besonderen Maße für die Verlagsrechte, die bei ein und derselben Gesellschaft einmal in dieser einmal in jener Form bilanziert werden und darüber hinaus auch noch nach verschiedenen Maßstäben bewertet werden.

Aus diesen Gründen soll in den folgenden Abschnitten versucht werden, aus der Vielzahl der Bilanzierungsmöglichkeiten für Verlagsrechte die geeignetste Form herauszukristallisieren. Diese soll und muß den oben dargestellten Bilanzprinzipien möglichst weitgehend

---

[4] Ein Kennzeichen hierfür ist das günstige Verhältnis — teilweise sogar noch besser als 1 : 1 —, in dem viele Gesellschaften trotz großer Verluste ihre Kapitalumstellung nach dem DM-Bilanzgesetz haben vornehmen können.

entsprechen.. Daß es sich hierbei im Hinblick auf die Verschiedenartigkeit der Verlagsrechte nur um eine Basis handeln kann, ist verständlich, dennoch kann eine solche als Ausgangspunkt für eine einheitliche Regelung der bilanziellen Behandlung von Verlagsrechten
dienen.

II. Das Wesen der immateriellen Werte und ihre Bilanzfähigkeit

Verlagsrechte, gleich welcher Art, gehören zu den immateriellen
Werten. Der Begriff der „immateriellen Werte" hat mit der betriebswirtschaftlichen oder volkswirtschaftlichen Wertlehre nichts zu tun.
Denn Wert in diesem Sinne ist das Ergebnis des Wertens und des
Bewertens,[5] der reine wirtschaftliche Wert. Seine Beziehungsgrößen
sind daher an dieser Stelle der Untersuchung ohne Belang. Das gleiche
gilt für den technischen Wert, den Eignungswert eines Gutes, wie es
z. B. der Nährwert und der Heizwert sind. Auch dieser Wertbegriff
steht mit den immateriellen Werten in keinem Zusammenhang. Der
Begriff „immaterielle Werte" ist vielmehr ein reiner bilanztechnischer
Ausdruck. „Hierunter versteht man im weitesten Sinne die Werte, die
nicht an körperlichen Dingen unmittelbar haften."[6] Für die Unternehmung sind diese Werte Wirtschaftsgüter, die je nach ihrem Charakter mehr oder weniger selbständig sind. Das Kriterium eines Wirtschaftsgutes ist bekanntlich seine Seltenheit und die ihm anhaftende
Nützlichkeit, die beide zugleich bestimmend für seinen wirtschaftlichen Wert sind. Die Seltenheit und die Nützlichkeit äußern sich bei
der Mehrzahl der immateriellen Werte ebenso wie bei materiellen
Gütern, weshalb auch diese Werte als betriebswirtschaftliche Güter
angesehen werden können[7]. Aus diesem Grunde bezeichnet Schmalenbach die immateriellen Werte auch als „Gegenstände". Diese Bezeichnung birgt zwar im sprachlichen Sinne eine gewisse Inkonsequenz,
erscheint aber dennoch zweckmäßiger als die Verknüpfung mit dem
volks- oder betriebswirtschaftlichen Wert-Begriff, dem wirtschaftlich
— und auf diese Betrachtungsweise kommt es hier an — eine ganz
andere Bedeutung zukommt.

Schmalenbach[8] rechnet zu den immateriellen Gegenständen das
sogenannte Goodwill, die Nutzungsrechte, Beteiligungen und Voraus-
zahlungen. Unter Goodwill versteht er einerseits die Organisationskosten und anderseits den Geschäfts- oder Firmenwert. Nutzungsrechte

---

[5] Mellerowicz, Wert und Wertung im Betrieb, S. 17 ff.

[6] Mohr, H., Bilanz und immaterielle Werte, Berlin-Wien 1927, zitiert aus
Wegner: Die Bewertung der immateriellen Werte in der deutschen Elektrizitätswirtschaft, Berlin 1952.

[7] Dahmann, Die Bilanzierung immaterieller Werte..., ZfhF 1930, S. 472.

[8] Schmalenbach, Dynamische Bilanz, Leipzig 1949, S. 104.

sind u. a. Brennrechte, Apothekenrechte und Schutzrechte, wie Patente, Marken etc. Die Begriffe der Beteiligungen und der Voraus- oder Anzahlungen sind dagegen eindeutig und bedürfen keiner besonderen Erläuterung. Diese Einteilung der immateriellen Gegenstände oder Werte, die zweifellos ohnehin keinen Anspruch auf Vollständigkeit erheben soll, läßt die Zuordnung der Verlagsrechte, die bekanntlich teils Nutzungs- und teils Schutzrechte sind, zum Teil aber auch einen ganz anderen Charakter haben, nicht eindeutig erkennen. Deshalb soll noch eine andere Gliederung der immateriellen Werte erwähnt werden, die gerade im Zusammenhang mit den Verlagsrechten sehr interessant sein dürfte. Danach[9] gehören hierzu:

1. Selbständige Rechte, wie Patent-, Warenzeichen-, Gebrauchsmuster-, Geschmacksmusterrechte und Konzessionen, die selbständig, auch ohne Verbindung mit der Unternehmung oder einem Teil derselben, veräußert werden können. Die Verlagsrechte im Sinne des Verlagsgesetzes gehören in diese Gruppe.

2. Unselbständige Rechte, die nur im Zusammenhang mit einem körperlichen Gegenstand existieren und daher allein für sich nicht übertragen werden können. Hierzu gehören beispielsweise Eigentums- und Pfandrechte, nicht aber Pachtrechte, da diese selbständig veräußerbar sind.

3. Immaterielle Gegenstände, die noch zum Reproduktionskostenwert gehören. Hierunter versteht Dahmann die sogenannten Einrichtungs- oder Organisationskosten, d. h. alle diejenigen Kosten, die aufgewendet werden müssen, um eine Unternehmung, in der alle erforderlichen Betriebsanlagen und -mittel vorhanden sind, in Betriebsbereitschaft zu setzen.

4. Zusätzliche Ertragswerte. In diese Gruppe ordnet Dahmann alle diejenigen Rechte ein, die weder auf einem rechtlichen Schutz basieren noch in ihrer Existenz von irgendeinem materiellen Objekt abhängig sind. Ihre besondere Eigenart liegt darin, daß sie „auf organischer Verbundenheit der in der Unternehmung dienstbar gemachten körperlichen (und unkörperlichen) Gegenstände beruhen. Zusammengefaßt sind diese Werte die Differenz aus dem kapitalisierten Ertrag (Ertrags- oder Gesamtwert) und dem Reproduktionskostenwert der Unternehmung", d. h. der zu Wiederbeschaffungskosten bewerteten Aktiva abzüglich Passiva.

Hinsichtlich der zu untersuchenden Frage der Bilanzierung der immateriellen Gegenstände scheidet die unter Ziff. 2 genannte Gruppe, die unselbständigen Rechte, von vornherein aus. Diese Rechte können nur gemeinsam mit den betreffenden materiellen Wirtschaftsgütern, mit denen sie verknüpft sind, bilanziert werden und sind daher im Rahmen der vorliegenden Untersuchung uninteressant, zumal sie mit den Verlagsrechten in keinerlei Beziehung stehen. Die Bilanzfähigkeit der übrigen immateriellen Werte ist heute allgemein anerkannt, wenn sie auch handelsrechtlich in manchen Fällen nur unter bestimmten Voraussetzungen möglich ist. Diese Auffassung basiert vor allem auf der Tatsache, daß die Bilanz — soweit es sich jedenfalls um den Jahres-

---

[9] Dahmann, Die Bilanzierung immaterieller Werte..., ZfhF 1930, S. 463.

abschluß einer Unternehmung handelt — für den Betriebswirt vornehmlich eine Gewinnermittlungs- und keine Vemögensbilanz ist. Der Erwerb immaterieller Gegenstände, gleichgültig ob er originär oder derivativ erfolgt, ist ebenso wie der jedes anderen Wirtschaftsgutes mit Kosten verbunden. Würde man die Erwerbskosten immaterieller Wirtschaftsgüter der laufenden Ergebnisrechnung belasten, während man völlig gleichartige Kosten für materielle Güter aktiviert, so würde man nicht nur die einheitliche Bilanzierung aller in der Unternehmung dienstbar gemachten Wirtschaftsgüter gefährden, sondern auch das zu ermittelnde Ergebnis einer Geschäftsperiode wäre hiermit zur Farce gemacht. Aus diesem Grunde erscheint die Bilanzierung der immateriellen Wirtschaftsgüter bzw. die Aktivierung der für sie gemachten Aufwendungen vom betriebswirtschaftlichen Standpunkt aus nicht nur zulässig, sondern sogar geboten.

Hierbei wurde zunächst unterstellt, daß es sich bei der Bilanzierung um die Erstellung des Jahresabschlusses einer Unternehmung, also um eine Erfolgsbilanz, handelt. Aber auch bei der Vermögensbilanz, die zwar nicht im Vordergrund der Betrachtung steht, deren Bedeutung aber dennoch nicht verkannt werden soll, dürfte die Bilanzierung immaterieller Wirtschaftsgüter durchaus angebracht sein. Die Zielsetzung der Vermögensbilanz ist nicht — wie beim Jahresabschluß — die Erfolgsermittlung, sondern die Feststellung des Wertes sämtlicher Vermögensgegenstände. Die immateriellen Gegenstände besitzen in ihrer Eigenschaft als Wirtschaftsgüter ebenso einen wirtschaftlichen Wert wie die materiellen Güter und gehören deshalb ebenfalls zum Vermögen der betreffenden Unternehmung. Bleiben die immateriellen Wirtschaftsgüter bei der Vermögensermittlung außer Betracht, so wäre die Wertfeststellung somit ungenau und unvollständig. Außerdem würde man bei der Gesamtbewertung der Unternehmung den Geschäfts- oder Firmenwert fälschlich erhöhen, was zweifellos unangebracht ist. Der Firmenwert nämlich wird ermittelt, indem man von dem Gesamtwert der Unternehmung die Summe aller in der Unternehmung vorhandenen Einzelwerte in Abzug bringt.

Dieser betriebswirtschaftlich begründeten Bilanzfähigkeit der immateriellen Gegenstände stehen darüber hinaus keinerlei handelsrechtliche Vorschriften entgegen. Zwar erwähnt — wie oben dargelegt — der Gesetzgeber im Handelsgesetz diese Werte nicht, wohl aber sind im Aktiengesetz von 1937 diesbezügliche Bestimmungen enthalten, auf die im vorangegangenen Abschnitt bereits eingegangen wurde. Das Aktiengesetz aber dient nach allgemeinem Handelsbrauch zur Interpretation des im § 38 HGB niedergelegten Grundsatzes der Ordnungsmäßigkeit und findet daher — allerdings nicht in unabdingbarer Form — auch für Nichtaktiengesellschaften Anwendung.

Wenn man von den Beteiligungen und den unselbständigen Rechten absieht, so ist die Bilanzierung derartiger Werte nach den aktienrechtlichen Bestimmungen nur innerhalb des Anlagevermögens möglich, und zwar unter den folgenden Positionen:

a) „Konzessionen, Patente, Lizenzen, Marken und ähnliche Rechte" (§ 131 A II 5 Akt.Ges.);

b) „Geschäfts- oder Firmenwert" (§ 133, 5 Akt.Ges.);

c) „Kosten der Betriebseinrichtung" (§ 133, 4 Akt.Ges.).

Zur Position a) sei ergänzend darauf hingewiesen, daß sich ihre handelsrechtliche Bilanzfähigkeit lediglich aus den allgemeinen Gliederungsvorschriften ergibt. Ein Zwang zur Bilanzierung dieser Rechte bzw. zur Aktivierung der für sie aufgewendeten Kosten läßt sich dagegen nach ziemlich einhelliger Meinung der Kommentatoren[10] aus dem Gesetz nicht ableiten. Voraussetzung für die Bilanzierung derartiger Werte ist jedoch, da sie innerhalb des Anlagevermögens ausgewiesen werden müssen, daß sie dazu bestimmt sind, dauernd dem Geschäftsbetrieb der betreffenden Unternehmung zu dienen[11] (§ 131, 4 Akt.Ges.).

Die Aktivierung des Geschäfts- oder Firmenwertes ist nur bei derivativem Erwerb statthaft, d. h. wenn hierfür Aufwendungen gemacht wurden. Der aktivierte Betrag hierfür ist ebenso wie die gegebenenfalls aktivierten Kosten der Betriebseinrichtung durch „angemessene jährliche Abschreibungen zu tilgen." Für beide Positionen ergibt sich die Aktivierungsmöglichkeit lediglich aus den Bewertungsvorschriften des Gesetzes. Für die Kosten der Betriebseinrichtung wird nach Ansicht der Kommentatoren an die Bilanzfähigkeit außerdem noch die Bedingung geknüpft, daß sich diese Kosten auf mehrere Jahre auswirken, was allerdings in der Regel stets der Fall sein dürfte, es sei denn, es handelt sich um Fehlinvestitionen.

III. Die Eingliederung der Verlagsrechte in das aktienrechtliche Bilanzschema

1. Buchverlagsrechte

Wie schon in den vorangegangenen Abschnitten erwähnt wurde, enthält das aktienrechtliche Gliederungsschema (§ 131 AII5 Akt.Ges.) die Position: „Konzessionen, Patente, Lizenzen, Marken und ähnliche Rechte". Es liegt nahe, auch die Verlagsrechte dieser Gruppe von imma-

---

[10] Adler-Düring-Schmaltz, Kommentar zum Akt.Ges., Tz. 32 zu § 131; Schlegelberger-Quassowski u. a., Kommentar zum Akt.Ges., Tz. 14 zu § 131.

[11] Hierbei sind jedoch Ausnahmen möglich, nämlich dann, wenn diese Werte zum Weiterverkauf bestimmt sind. Dies ist z. B. bei „Monopolrechten" an Filmen manchmal der Fall. Ebenso ist auch der Ankauf von Verlags- oder Titelschutzrechten zur Weiterveräußerung denkbar.

teriellen Wirtschaftsgütern zuzurechnen, zumal die Verlagsrechte mindestens in ihrer Eigenschaft als Rechte eine gewisse Ähnlichkeit mit den angeführten Posten besitzen. Tatsächlich werden die Verlagsrechte in der Praxis häufig unter dieser Bezeichnung bilanziert. Auch die Kommentatoren des Aktiengesetzes ordnen die Verlagsrechte vielfach in diese Bilanzposition ein[12]. Hierbei ist jedoch zu berücksichtigen, daß die Kommentare zum Aktiengesetz meist von Juristen verfaßt wurden. Diese legen naturgemäß das Schwergewicht auf die juristische Seite der Verlagsrechte, ohne dabei den wirtschaftlichen Charakter dieser Rechte im allgemeinen und ihre wirtschaftlichen Verschiedenheiten im besonderen in ausreichendem Maße zu berücksichtigen. Daher ist es erklärlich, daß von den Kommentatoren kaum einer auf die Verlagsrechte und ihre Besonderheiten näher eingeht. Sie stellen vielmehr die Verlagsrechte den übrigen immateriellen Güterrechten, wie Gebrauchsmuster und Urheberrechte, völlig gleich. Danach wären sie wie diese unter der Position „Konzessionen, Patente, Lizenzen, Marken und ähnliche Rechte" zu bilanzieren und somit nach den für das Anlagevermögen geltenden Vorschriften zu bewerten.

Diese Auffassung ist derart verallgemeinernd, daß ihr in dieser Form keinesfalls zugestimmt werden kann. Die Verlagsrechte sind viel zu unterschiedlich geartet, um auf einen Nenner gebracht zu werden. Vor allem gilt das für die Verlagsrechte an periodischen Sammelwerken. Es erscheint außerdem durchaus zweifelhaft, ob die Kommentatoren dies gemeint bzw. bezweckt haben. Zwar könnte man allenfalls aus der z. B. von Adler-Düring-Schmaltz[13] benutzten Formulierung: „alle immateriellen Güterrechte (Gebrauchsmuster, Urheberrechte usw.), ferner Lizenzen für solche Rechte und die Verlagsrechte" schließen, daß mit letzteren die Verlagsrechte an periodischen Sammelwerken (Zeitungsverlagsrecht u. ä.) gemeint sind. Denn die Lizenz an einem Urheberrecht ist mit dem Verlagsrecht im Sinne des Verlagsgesetzes (Buchverlagsrechte u. ä.) identisch. Dies ist jedoch nur eine Vermutung, die nicht ohne weiteres als richtig unterstellt werden darf, sondern noch näherer Untersuchungen bedarf, vor allem deshalb, weil die Zeitungsverlagsrechte nicht wie die anderen unter AII5 des § 131 Ak.Ges. genannten Rechte selbständige ausschließliche Rechte sind.

Anders verhält es sich dagegen mit den Buchverlagsrechten, da bei diesen der rechtliche Charakter zweifellos im Vordergrund steht. Deshalb erscheint für sie der bilanzielle Ausweis unter den Rechten gem. § 131 AII5 des Akt.Ges. durchaus zweckmäßig und richtig. Da sie auch in

---

[12] Adler-Düring-Schmaltz, a. a. O., Tz. 32 zu § 131;
Schlegelberger-Quassowski, a. a. O., Tz. 14 zu § 131;
Baumbach, Akt.Ges., Tz. 4 zu § 131;
Wirtschaftsprüfer-Jahrbuch 1954, S. 419.
[13] ADS, a. a. O., Tz. 32 zu § 131.

der Regel nicht zur Weiterveräußerung, sondern zur dauernden
Nutzung in der Unternehmung bestimmt sind, wird ihre Zuordnung
zum Anlagevermögen (vgl. § 131 Abs. 4 des Akt.Ges.) im allgemeinen
auch den gegebenen Tatsachen entsprechen. Trotz dieser ziemlich
eindeutigen Rechtslage werden die Buchverlagsrechte in der Praxis
meist nicht unter dieser Bilanzposition ausgewiesen. Ihre Bilanzierung
wird vielmehr außerordentlich unterschiedlich gehandhabt.

Dieser Umstand ist einerseits in der Tatsache begründet, daß die
Mehrzahl der Buchverlagsunternehmungen nicht die Rechtsform einer
Aktiengesellschaft hat und deshalb ihre Bilanz freizügiger gestalten
kann. Andersseits läßt sich der Wert der Buchverlagsrechte meist nicht
bei der Anschaffung bzw. beim Erwerb im voraus bestimmen, und
zwar immer dann nicht, wenn der Kaufpreis (Anschaffungswert) in
Form einer Beteiligung am Umsatz oder gar am Gewinn abgegolten
wird, was in der Regel der Fall sein dürfte. Diese Nichtbestimmbarkeit
des Anschaffungswertes schließt nach den Bestimmungen des § 133, 2
Akt.Ges. die Bilanzierung der Buchverlagsrechte als Gegenstand des
Anlagevermögens zunächst von selbst aus. Wenn aber mit Beendigung
der Ausnutzung der betreffenden Verlagserscheinung der Anschaffungswert des Verlagsrechtes endgültig feststeht, ist dieser Wert nach
den Grundsätzen ordnungsgemäßer Bilanzierung inzwischen ab-
schreibungsbedürftig geworden, da dem Verlagsrecht eine Umsatz-
bzw. Ertragskraft dann nicht mehr beizulegen ist. Eine Bilanzierung
als Anlagewert wäre zu diesem Zeitpunkt nicht mehr zulässig.

Außer diesen Gründen spricht noch ein weiterer Umstand gegen die
Bilanzierung von Verlagsrechten im engeren Sinne als gesonderte
Position des Anlagevermögens. Der Erwerbspreis dieser Rechte in
Form von im voraus zu zahlenden Festhonoraren ist, gemessen an dem
Herstellkostenwert der betreffenden Verlagserscheinung, in der Regel
derartig gering, daß er kaum ins Gewicht fällt. Aus diesem Grunde
werden die Festhonorare für den Autor eines Buches (bzw. beim Foto-
verlagsrecht für den Fotografen) in der Praxis fast immer den Herstellkosten zugerechnet, was auch sachlich gerechtfertigt ist. Die Herstellkosten eines Werkes gehören genauso zu den Erwerbskosten eines
Verlagsrechtes wie etwa die Honorare, denn die Herstellung des Werkes
ist eine mit dem Erwerb des betreffenden Rechtes verbundene Pflicht.
Der bilanzmäßige Ausweis des Verlagsrechtes erfolgt in diesem Falle
zusammen mit den betreffenden Werken unter der Position „Bestände
an Verlagserscheinungen" oder unter einer ähnlichen Bezeichnung bzw.
gegebenenfalls auch als „halbfertige Bestände". Aus Gründen der
Bilanzklarheit wird vor Fertigstellung des betreffenden Werkes oft
auch eine Bezeichnung wie „Bestände an Romanen, Artikeln usw."
gewählt.

Der Ausweis unter der Position „Anzahlungen", der in der Praxis ebenfalls vorkommt, ist dagegen nur dann vertretbar, wenn die Gegenleistung seitens des Autors, nämlich die Lieferung des betreffenden Werkes, noch nicht stattgefunden hat. Bei all diesen Bilanzierungsformen handelt es sich um den Ausweis der Verlagsrechte innerhalb des Umlaufvermögens, der im Hinblick auf die besonderen Verhältnisse im Buchverlagsgewerbe und ähnlichen Verlagszweigen auch gerechtfertigt erscheint. Vertretbar dürfte diese Form des Bilanzausweises auch deshalb sein, weil die Ausnutzung eines derartigen Rechtes sich nicht immer auf eine längere Zeitspanne erstreckt, sondern zum Teil in 12—15 Monaten abgeschlossen ist. Unter den Büchern gibt es zwar sogenannte Langläufer, aber anderseits auch schnelle Durchläufer, die nur verhältnismäßig kurze Zeit erscheinen; die Laufzeit der Bücher ist jedoch vorher ebenfalls nicht feststellbar. Anders ist es, wenn die Honorarzahlung im voraus geleistet wird und nicht für eine Auflage, sondern für alle zukünftigen Auflagen bestimmt ist. In diesem Falle muß der Ausweis des Verlagsrechtes innerhalb des Anlagevermögens, und zwar unter der Position „Rechte gem. § 131 AII5" erfolgen.

Für die Rechte an Beiträgen, die ebenso wie die Buchverlagsrechte zu den Verlagsrechten im engeren Sinne gehören, gelten die obigen Ausführungen nicht. Diese Beiträge sind immer zur einmaligen Veröffentlichung, nicht aber zur dauernden Nutzung in der Unternehmung bestimmt. Sie können daher in keinem Falle dem Anlagevermögen zugerechnet werden, sondern gehören vielmehr, sofern sie überhaupt bilanziert werden, zum Umlaufvermögen. Eine Bilanzierung unter der Position „Konzessionen, Patente, Lizenzen, Marken und ähnliche Rechte" kommt daher hierfür nicht in Frage. Sehr häufig werden derartige Rechte jedoch ohnehin nicht bilanziert, da die betreffenden Aufsätze, Artikel usw. in der Regel zum sofortigen Abdruck bestimmt sind. Dies ist aber nicht der Fall beim sogenannten Nachruf-Archiv. Ein solches Archiv, das viele namhafte Zeitungen unterhalten, enthält Artikel über Persönlichkeiten, deren Leben im öffentlichen Interesse steht, die erst nach dem Ableben dieser Personen veröffentlicht werden. Da solche Fälle jedoch Ausnahmen sind, gehen die Aufwendungen für den Erwerb dieser Rechte deshalb von vornherein in die Herstellkosten oder auch in die allgemeinen Unkosten ein. Aus diesem Grunde werden solche Honorarzahlungen vor Abdruck des betreffenden Beitrages häufig auch unter der Position „Posten, die der Rechnungsabgrenzung dienen" bilanziert. Ebenso häufig findet man allerdings auch den Ausweis als „halbfertige Erzeugnisse". Beide Formen der Bilanzierung verschaffen jedoch der Bilanz keine Klarheit, da es sich weder um periodenfremde Aufwendungen noch um Warenbestände oder Erzeugnisse — gleich in welchem Stadium der Fertigung — handelt. Richtig und den gegebenen Verhältnissen am meisten entsprechend ist vielmehr die ebenfalls in der Praxis zu beobachtende Form der Bilanzierung als branchenbedingte Sonderposition unter der Bezeichnung „Bestände an Artikeln, Zeitungen, Rätseln usw." Keinesfalls zu vertreten ist ebenso wie bei Buchverlagsrechten der Ausweis der Honorarzahlung als Anzahlung, wenn der Autor seinen Beitrag dem Verlag bereits zugestellt hat.

In diesem Zusammenhang sei noch auf eine Besonderheit der Musikverlagsrechte eingegangen, die ebenso wie die Buchverlagsrechte zu den Rechten im Sinne des Verlagsgesetzes gehören. Diese Rechte werden sämtlich durch Aufwendungen erworben. Hierbei handelt es sich um das Entgelt für den Komponisten, das jedoch meistens durch Tantiemezahlungen abgegolten wird, und um Musikerhonorare sowie um die Kosten für Noten bzw. deren Herstellung, zu der der Verleger auf Grund des Verlagsvertrages verpflichtet ist. Die Notenbestände aber beinhalten für den Musikverleger nur einen geringen Sachwert, da er in der Regel den größten Teil derselben an Kapellen verschenkt, damit diese die betreffenden Musikstücke spielen und „punktieren". Auf Grund dieser Punktierung zahlt die Gema[14] den Musikverlegern Tantiemen. Dem Verleger fließen jedoch die Gema-Einnahmen — manchmal über Jahre hinaus — erst wesentlich später zu. Es handelt sich demnach bei den Aufwendungen des Musikverlegers für den Erwerb eines Musikverlagsrechtes um Kosten, die sich auf mehrere Jahre hinaus auswirken. Er schafft sich also ein Wirtschaftsgut, welches keinesfalls im Jahre der Anschaffung verbraucht bzw. entwertet wird. Deshalb gehören Musikverlagsrechte zum Anlagevermögen, und die Anschaffungskosten hierfür müßten nach betriebswirtschaftlichen Grundsätzen zum Zwecke der periodengerechten Aufwandsverteilung aktiviert werden, wogegen auch handelsrechtlich keine Bedenken bestehen. Diese Auffassung wäre auch hinsichtlich der Ertragsbesteuerung der Musikverlage zu vertreten, jedoch haben die Steuerbehörden dieses Problem bislang noch nicht aufgegriffen. In der Praxis wird von der Aktivierungsmöglichkeit, die aus betriebswirtschaftlichen Gründen sogar geboten wäre, hauptsächlich aus Gründen der Steuerersparnis bzw. -aufschiebung aber kein Gebrauch gemacht.

2. Zeitungsverlags- und ähnliche Rechte

Ist schon die bilanzmäßige Gleichschaltung der Verlagsrechte im engeren Sinne wie der Buchverlagsrechte mit den immateriellen Güterrechten nicht immer als zweckmäßig anzusehen, so gilt das in noch stärkerem Maße für die Verlagsrechte an periodischen Sammelwerken, vornehmlich für die Zeitungsverlagsrechte. Zweifelsfrei ist dagegen gem. § 131, 4 Akt.Ges. die Zugehörigkeit dieser Rechte zum Anlage-

---

[14] Gema = Gesellschaft für musikalische Aufführungs- und mechanische Vervielfältigungsrechte.

vermögen, da sie immer auf längere Sicht hin erworben werden und sich ihre Ausnutzung in der Unternehmung auf mehrere Jahre erstreckt — wenn nicht sogar auf die ganze Zeit des Bestehens der Unternehmung und oft auch noch darüber hinaus —. Dies geht allein schon aus der im Falle eines originären Erwerbes in der Regel langwierigen Entstehung eines wirtschaftlichen Wertes für diese Rechte hervor. Besonders charakteristisch ist hierfür die Lebensdauer von Zeitungen und Zeitschriften, die, sofern sie die Anfangsschwierigkeiten überwunden haben und sofern nicht exogene Einflüsse — wie politische Umwälzungen — die Einstellung ihres Erscheinens bedingen, viele Jahre lang in mehr oder weniger gleicher Form verlegt werden. Als Beispiel sei hier darauf hingewiesen, daß die „Vossische Zeitung", die älteste Berliner Zeitung — seit 1913 im Ullstein-Verlag —, von 1704 bis kurz nach dem politischen Umbruch 1933 verlegt wurde (ihre Vorläufer und Anfänge reichen sogar bis in das 17. Jahrhundert zurück). Die „Hamburger Nachrichten" wurden 1792 und das „Hamburger Fremdenblatt" 1828 gegründet. Die Londoner „Times" wird seit 1785, der „New York Herald" seit 1835 und „Le Matin" seit 1884 herausgegeben. Diese Beispiele lassen sich beliebig vermehren und gelten ebenso für andere periodische Sammelwerke, wie Zeitschriften, Lexika, Adreßbücher etc.

Da die Zugehörigkeit der Zeitungsverlagsrechte zum Anlagevermögen somit als gegeben unterstellt werden kann, bleibt die Frage zu klären, unter welcher zum Anlagevermögen gehörenden Bilanzposition der Ausweis dieser Rechte am zweckmäßigsten erfolgt. Nach den Ausführungen im Abschnitt B II ist die Bilanzierung immaterieller Gegenstände, zu denen auch die Verlagsrechte gehören, innerhalb des Anlagevermögens unter drei Positionen möglich, und zwar als:

    a) „Konzessionen, Patente, Lizenzen, Marken und ähnliche Rechte";
    b) „Geschäfts- oder Firmenwert";
    c) „Kosten der Betriebseinrichtung".

Während Buchverlagsrechte, sofern sie überhaupt zum Anlagevermögen gerechnet werden, entsprechend ihrem die wirtschaftliche Bedeutung überragenden rechtlichen Charakter nur unter den übrigen Rechten nach § 131 AII5 zum Ausweis gelangen können, ist dies für Zeitungsverlags- und ähnliche Rechte durchaus nicht so eindeutig. Bei diesen Rechten überwiegt die wirtschaftliche Seite, wohingegen ihre Rechtsnatur völlig in den Hintergrund tritt. Die Kommentatoren zum Aktiengesetz machen allerdings bei den Verlagsrechten keine Unterschiede, sondern beschränken sich, unter Hervorhebung der rechtlichen Seite, auf die Erwähnung der Verlagsrechte bei den „ähnlichen Rechten".

Anders ist das in der Praxis und auch teilweise in der sonstigen Literatur zu Bilanzfragen. Hier werden durch den Charakter der Verlagsrechte bedingte Unterschiede sehr wohl gemacht. So trennt man bei Zeitungsverlagsrechten sehr häufig die rechtliche von der wirtschaftlichen Seite. Die Rechtsnatur derartiger Rechte wird bekanntlich durch den Titelschutz gekennzeichnet. Läßt man ihre wirtschaftlichen Faktoren und ihre damit verknüpfte anders gelagerte Bedeutung außer acht, so wären die Verlagsrechte gemeinsam mit anderen immateriellen Güterrechten unter der Position „Konzessionen usw." bilanzmäßig auszuweisen. Brönner[15] z. B. ist der Meinung, daß das Recht auf Herausgabe einer Zeitung oder Zeitschrift unter den Rechten gem. § 131 AII5 Akt.Ges. auszuweisen sei. Allerdings substantiiert er dieses „Recht" nicht, und es erscheint unklar, was er hierunter versteht. Allenfalls könnte man dieses Recht mit dem Lizenzierungszwang für Verlagserscheinungen gem. den alliierten Militärgesetzen nach dem 2. Weltkriege identifizieren. Dieser Lizenzzwang, der inzwischen übrigens überholt ist, trifft aber nicht den Kern der Sache und hat mit den hier zu erörternden Verlagsrechten nichts zu tun. Den Titelschutz aber, die einzige rechtliche Grundlage der Verlagsrechte an periodischen Sammelwerken, rechnet Brönner zu dem sogenannten „Verlagswert", der nach ihm dem Geschäfts- oder Firmenwert einer Verlagsunternehmung gleichzusetzen ist. Somit wären die Verlagsrechte im weiteren Sinne nach den für den Geschäfts- oder Firmenwert geltenden Bestimmungen zu bilanzieren und entsprechend zu bewerten.

Einen ähnlichen Standpunkt vertritt das Reichsgericht in einer allerdings älteren Entscheidung[16]. In seiner Begründung zu dem Urteil in einem Rechtsstreit, dessen Ursachen und Hintergründe in diesem Zusammenhang ohne Belang sind, führt die erkennende Kammer u. a. aus: „Der Zeitschriftentitel ist zwar vielleicht der wertvollste Gegenstand des Unternehmens, gleichwohl ist er nicht ein für sich selbständig und unabhängig vom Zeitschriftenunternehmen übertragbares Recht. Der Titel hat Ähnlichkeit mit der Firma eines Kaufmannes und kann eben deshalb nicht losgelöst von der Unternehmung, sondern nur zusammen mit dieser übertragen werden."

Auch das im Abschnitt A III 2 bereits kurz erwähnte „Gutachten von Sachverständigen aus dem Zeitungsfach" im Zusammenhang mit dem RFH-Urteil vom 28. Februar 1930[17] vertritt die gleiche Ansicht. In diesem Gutachten wird u. a. ausgeführt, daß es ausgeschlossen sei, dem an den Zeitungstitel sich anknüpfenden Geschäftswert irgendwelchen besonderen Wert beizumessen. Sein Wert beruhe vielmehr nur darauf, daß er ein bestimmtes Zeitungsunternehmen bezeichne. Der Zeitungstitel bedeute für die Gesamtheit dieses Organismus nichts

---

[15] Brönner, a. a. O., S. 471.
[16] RGZ, Bd. 68, S. 49 ff., Urteil vom 17. Jan. 1908, Rep. VII 197/07.
[17] RStBl. 1930, S. 287, Urteil III A 84/28.

anderes als die Firma für ein sonstiges Unternehmen. Daß die Zeitungssachverständigen jedoch in dieser Beziehung keinesfalls einhelliger
Meinung sind, beweisen die Ausführungen, die März[18] im Zusammenhang mit der Bewertung von Zeitungsunternehmen macht. Danach
ist der Zeitungstitel einer der wesentlichsten Faktoren, deren Wert
bei der Bemessung des Gesamtwertes der Unternehmung berücksichtigt
werden muß.

Aus den hier dargelegten Ansichten geht einerseits klar hervor, daß
die Verlagsrechte an periodischen Sammelwerken oder die Verlagswerte bilanzmäßig keinesfalls den Rechten gem. § 131 AII5 zugerechnet
werden können. Unter dieser Position könnte man allenfalls den Titelschutz bilanzieren. Der Titel einer Verlagserscheinung aber — und
insofern sei dem zitierten Gutachten der Sachverständigen gefolgt —
repräsentiert für sich allein in der Regel keinen Wert, wie das ja auch
durch die Änderung des Titels von eingeführten Zeitungen und Zeitschriften, die auf den Verlagswert keinerlei Einfluß ausübten, belegt
ist. Der Titel eines periodischen Sammelwerkes ist vielmehr mit dem
ideellen Wert der Organisation, den gesicherten Absatzmöglichkeiten
und den Ertragschancen derart eng verknüpft, daß er von diesem nicht
losgelöst werden kann. Eine gesonderte Bilanzierung für den Titel
kommt also, von Ausnahmen abgesehen, nicht in Frage, womit auch
die Bilanzierung als Recht im Sinne der „ähnlichen Rechte" entfällt.

So wie keine Regel ohne Ausnahme ist, müssen auch hier wieder
gewisse Ausnahmen gemacht werden. Die Neugründung von Fachzeitschriften nach dem 2. Weltkriege hat vielfach gezeigt, daß oft die
alten Namen ohne jeden dahinterstehenden Geschäftsbetrieb oder
Organisation von den Verlegern verkauft wurden. Das bereits oben
erwähnte Beispiel der „Morgenpost" zeigt, daß dieser Name allein aus
dem Titelschutzgedanken einen erheblichen „Verlagswert" besessen
hat. Weiterhin dürfte anzunehmen sein, daß die frühere Scherlgruppe
die Titelrechte „Berliner Lokal-Anzeiger",[19] „Die Woche" oder den
„Allgemeinen Wegweiser" für ganz beachtliche Preise veräußern
könnte. Das gleiche gilt für den „Großen Brockhaus" und für Kommentare, die noch heute unter dem Namen des Begründers erscheinen,
trotzdem dieser bereits seit Jahren verstorben ist. Die Trennung
zwischen Titelschutzrecht und Organisationswert ist zwar selten, aber
dennoch theoretisch durchaus möglich. Praktisch ist sie aber stets von
den besonderen Umständen abhängig. Beim Verkauf des „Berliner
Anzeigers" wurde beispielsweise für den Titel nichts, für die Organisation dagegen eine beträchtliche Summe gezahlt.

---

[18] März, Die moderne Zeitung, S. 302.
[19] Tatsächlich wurden diese Rechte inzwischen vom Ullsteinverlag erworben,
der diese Namen jetzt als Untertitel für die „Berliner Morgenpost" führt.

Die Gleichsetzung eines Zeitungs- oder Zeitschriftentitels mit der Firma eines Kaufmannes führt aber dazu, daß der Verlagswert als Geschäfts- oder Firmenwert der betreffenden Verlagsunternehmung interpretiert wird. Zu diesem Schluß kommt neben Brönner auch Hast[20]. Letzterer deutet den Verlagswert seinem Wesen nach als Geschäftswert, nur stelle er eine individuelle Bezeichnung des Geschäftswertes dar, nämlich eines Zeitungs- oder Zeitschriftenunternehmens, Adreßbuch- oder Kalenderverlages etc. Die Bilanzierungsweise des Verlagswertes sei deshalb dieselbe wie die des Geschäftswertes allgemein. Diese Deutung des Verlagswertes als Geschäfts- oder Firmenwert kann jedoch keinesfalls akzeptiert werden. Da die Firma eines Kaufmannes bekanntlich die Unternehmung als Ganzes kennzeichnet, könnte man mit der gleichen Berechtigung analog schließen, daß der Wert des Titels, der Verlagswert, gleich dem Wert der ganzen Unternehmung sei. Kein Sachkenner der Materie jedoch, der den Verlagswert als das erkannt hat, was er wirklich ist, nämlich als ein immaterielles Wirtschaftsgut, das sowohl mit dem Titelschutz als auch mit ideellen Werten auf das engste verbunden ist, wird dieser Auslegung irgend eine Berechtigung zuerkennen. Aus dem gleichen Grunde muß es abgelehnt werden, den Verlagswert schlechthin als Geschäfts- oder Firmenwert einer Verlagsunternehmung zu identifizieren, weshalb letzterer zur besseren Unterscheidung als „Firmenverlagswert" bezeichnet werden soll.

Es ist nun zwar so, daß der Verlagswert zweifellos eine gewisse Ähnlichkeit mit dem Firmenverlagswert besitzt und in der Praxis häufig mit diesem zusammengezogen wird, da der Firmenwert sich aus ideellen Werten zusammensetzt und auch im Verlagswert ideelle Werte enthalten sind. Dennoch ist es aus Gründen der Bilanzklarheit erforderlich, eine Trennung dieser beiden Werte in der Bilanz durchzuführen; denn der Verlagswert ist ein selbständiges Wirtschaftsgut, das unabhängig von der Unternehmung und ohne deren Bestand zu gefährden veräußert werden kann. Besonders deutlich ist dies bei Verlagsunternehmen, die mehrere Verlagserscheinungen verlegen und eine von diesen veräußern bzw. eine andere dazu erwerben, ohne daß der Geschäftswert dieser Unternehmung irgendwie beeinflußt wird. Auch als der Eher-Verlag seinerzeit die Verlagsrechte vieler bis dahin bürgerlicher Zeitungen übernahm, zahlte er dafür vielfach recht beträchtliche Preise, woraus ebenfalls hervorgeht, daß die Verlagsrechte selbständige Vermögenswerte darstellen[21]. Sehr interessant sind in diesem Zusammenhang die Ausführungen, die Götze[22] über den

---

[20] Hast, Grundsätze ordnungsgemäßer Bilanzierung für Anlagegegenstände, Seite 272.
[21] März, a. a. O., S. 308.
[22] Götze, Grundzüge der Bilanzierung, S. 20.

Firmenwert macht. Danach verbergen sich hinter diesem häufig noch „andere immaterielle Güter (z. B. Verlagsrechte), die dann besser von ihm noch abgespalten werden". In seinen weiteren Ausführungen[23], die sich jedoch hauptsächlich auf die Verhältnisse im Verlagsbuchhandel beziehen, setzt er dann aber den Verlagswert dem Firmenwert gleich, während er auf die Zeitungsverlagsrechte nicht eingeht.

Der Reichsfinanzhof jedoch macht eine scharfe Trennung zwischen Verlags- und Firmenwert. In seiner Entscheidung vom 8. Mai 1929[24] führt er u. a. aus, daß der an den Zeitungstitel sich knüpfende Verlagswert nach der Verkehrsauffassung bereits ein selbständiges Wirtschaftsgut geworden sei, das auch ohne Veräußerung des Geschäftes als Ganzes verwertet werden könne. In einer weiteren Entscheidung[25] betont der Reichsfinanzhof nochmals ausdrücklich, daß „das Verlagsrecht nicht gleich dem ganzen Betriebsbestehenswert oder Geschäftswert des Unternehmens sei, sondern nur das Recht zur Führung des Titels der Zeitung, eine gewerbliche Berechtigung, die bei entgeltlichem Erwerbe ein für sich verkäufliches und besonders bewertbares Wirtschaftsgut, also einen Teil des Geschäftswertes darstelle". Da danach — und dieser Auffassung wird im vollem Umfange beigetreten — der Verlagswert also nicht auf Gedeih und Verderben mit der betreffenden Verlagsunternehmung, zu dem er gehört, verbunden ist, was sich im übrigen durch zahlreiche Beispiele aus der Praxis belegen läßt, kann sein bilanzieller Ausweis nicht als Geschäfts- oder Firmenwert erfolgen.

Es würde somit nach dem Aktiengesetz für die Bilanzierung von Verlagsrechten nur noch der Ausweis unter der Bezeichnung „Kosten der Betriebseinrichtung" bleiben. Nach Adler-Düring-Schmaltz[26] gehören hierher alle Aufwendungen, die im Interesse des Aufbaues der Innen- und Außenorganisation des Betriebes gemacht wurden. Dazu gehören u. a. gewisse Propaganda- und Werbungskosten, sofern sie von längerer Wirkung sind. Nicht erforderlich ist dagegen, daß durch diese Aufwendungen ein besonderes Wirtschaftsgut geschaffen wurde, sondern es genügt, wenn sie sich auf mehrere Jahre auswirken und daher das Jahr, in dem sie entstanden sind, zu stark belasten würden. Die für den originär erworbenen Verlagswert gemachten Aufwendungen, die sogenannten Einführungskosten einer Verlagserscheinung, decken sich fast völlig mit dieser Definition. Die Aktivierung der

---

[23] Götze, a. a. O., S. 85: ... „es wäre dort" — im Verlagsbuchhandel — „nicht richtig, den Geschäftswert lediglich als Firmenwert (Verlagswert) anzusehen, vielmehr müssen vorher jedenfalls die Verlagsrechte ausgesondert werden."

[24] RStBl 1930, S. 287 ff.

[25] RFH v. 18. November 1937 VI 651/37 RStBl 1938, S. 133.

[26] ADS, a. a. O., Tz. 84 ff zu § 133.

Einführungskosten für ein periodisches Sammelwerk wäre demnach selbst dann zulässig, wenn dem hierdurch originär entstandenen Verlagswert noch kein innerer Wert beizulegen wäre. Dennoch erscheint auch diese Form der Bilanzierung von Verlagsrechten unzweckmäßig. Die Aufwendungen für das Verlagsrecht bzw. den Verlagswert sind keinesfalls ausschließlich als Werbungs- oder Organisationskosten anzusehen. Sie werden vielmehr gemacht, um ein zwar immaterielles, aber dennoch durchaus reales Wirtschaftsgut zu erlangen. Dieses Wirtschaftsgut ist — wie schon mehrmals betont wurde — für sich allein verkäuflich und repräsentiert ohne Bindung an das Unternehmen einen selbständigen wirtschaftlichen Wert. Dieser Wert ist unabhängig von den Einführungskosten. Letztere aber sind keinesfalls identisch mit reinen Werbungs- oder Propagandakosten und lassen sich auch nicht den Kosten der Betriebseinrichtung gleichsetzen, sondern sind die Erwerbskosten eines bestimmten Wirtschaftsgutes. Aus diesen Gründen läßt sich die Bilanzierung von Verlagswerten als „Kosten der Betriebseinrichtung" mit dem Grundsatz der Bilanzklarheit nicht vereinbaren und ist daher ebenso wie die beiden bereits besprochenen Formen des bilanziellen Ausweises abzulehnen.

Die aktienrechtlichen Bilanzpositionen, denen sich die Verlagsrechte als Gegenstände des Anlagevermögens zuordnen lassen, wären damit scheinbar erschöpft. Die Bestimmungen des § 131 Akt.Ges. enthalten jedoch nur eine Mindestgliederung, und der Gesetzgeber betonte ausdrücklich, daß damit eine weitere branchenbedingte Aufteilung der Bilanz keineswegs unterbunden sein soll. Die Literatur zum Aktiengesetz vertritt sogar vielfach den Standpunkt, daß beim Vorliegen derartiger branchenbedingter Besonderheiten eine abweichende (erweiterte) Gliederung nicht nur zulässig, sondern sogar geboten ist. Für die Verlagsrechte an periodischen Sammelwerken scheint dies der Fall zu sein. Bei diesen Verlagswerten handelt es sich um Wirtschaftsgüter, die rechtlich gesehen auf dem gewerblichen Titelschutz basieren, deren wirtschaftlicher Wert in der ihnen zugrundeliegenden Idee verkörpert wird und deren Wert durch den Wert einer Organisation, vornehmlich eines Abonnenten- und Inserentenkreises, zum Ausdruck kommt. Der Verlagswert steht somit zwischen den immateriellen Güterrechten und den ideellen Werten, z. B. dem Geschäfts- oder Firmenwert. Aus diesem Grunde dürfte der von dem Gesetzgeber angedeutete Tatbestand einer branchebedingten Besonderheit für die Verlagswerte durchaus zutreffen. Ein gesonderter Bilanzausweis für derartige Rechte ist daher im Interesse der Bilanzklarheit und -übersichtlichkeit jeder anderen Form der Bilanzierung vorzuziehen. Tatsächlich wird diese Bilanzierungsform in der Praxis auch bevorzugt, was insbesondere aus den Bilanzen einiger recht namhafter Verlagsunternehmungen wie z. B. des Ullstein- und des Scherl-Verlages hervorgeht. Im übrigen war auch in dem Entwurf eines Kontenplanes für Zeitungsverlags-Unternehmen[27] je ein Konto für „Verlagsrecht Zeitungen" und „Verlagsrecht Zeitschriften" vorgesehen, woraus ebenfalls auf eine gesonderte Bilanzierung dieser Rechte zu schließen ist.

IV. Bilanzierungsformen der Praxis

Im Rahmen der vorliegenden Arbeit wurde eine ganze Reihe von Bilanzen verschiedener Verlagsunternehmungen analysiert, um in Erfahrung zu bringen, welche Stellung die Praxis zu der Frage der Bilanzierung von Verlagsrechten einnimmt. Die Untersuchung erstreckte sich auf insgesamt 32 Aktiengesellschaften und 20 Unternehmungen mit anderer Rechtsform. Da es äußerst schwierig war, spezifisches Material hierüber zu erlangen — die meisten der angesprochenen Firmen lehnten es aus „grundsätzlichen" oder „internen" Erwägungen heraus ab, zu den hier aufgeworfenen Fragen Stellung zu nehmen oder irgendwelche Angaben über ihre Verlagsrechte zu machen —, wurden neben neueren auch ältere Bilanzen zur Durchleuchtung mit herangezogen. Teilweise handelt es sich bei den untersuchten Unternehmungen auch um Gesellschaften, die ihren Betrieb in der Zwischenzeit eingestellt haben bzw. erloschen sind. Die Aussagekraft der aus der Untersuchung gewonnenen Erkenntnisse dürfte hierdurch jedoch kaum beeinträchtigt worden sein; denn einerseits haben über die Hälfte der Verlage, deren Bilanzen untersucht worden sind, in der DM-Zeit noch eine werbende Tätigkeit ausgeübt, zum anderen haben sich die Vorschriften und Grundsätze betreffend die Bilanzierung von Verlagsrechten in den letzten Jahrzehnten (insbesondere seit dem Inkrafttreten des Aktiengesetzes) nicht geändert. Außerdem ermöglichte die Heranziehung älterer Bilanzen vielfach die Beobachtung der kontinuierlichen oder nicht kontinuierlichen Behandlung der Verlagsrechte, was die Erkenntniskraft sogar noch verstärkte.

Der weitaus größte Teil der in die Untersuchung einbezogenen Verlagsunternehmungen, die noch heute existieren bzw. erst nach dem 2. Weltkrieg entstanden sind, haben eine andere Rechtsform als die einer Aktiengesellschaft. Insgesamt gesehen wurden dagegen mehr Aktiengesellschaften durchleuchtet. Dies hat insbesondere zwei Gründe, die jedoch in innerem Zusammenhang stehen. Der Verfasser konnte sich im wesentlichen nur auf zwei Auskunftsquellen stützen. Die eine davon war das Handbuch der deutschen Aktiengesellschaften. Verlagsgesellschaften — insbesondere Zeitungs- und Zeitschriftenverlag — in der Rechtsform von Aktiengesellschaften sind aber heute sehr selten. So

---

[27] Der Zeitungsverlag, Nr. 26 1958, S. 389.

konnten z. B. in den Auflagenmeldungen der IVW[28], die über die meisten der heute existierenden Zeitungen und Zeitschriften Auskunft geben, nur drei Zeitungs-Aktiengesellschaften festgestellt werden, während die überwiegende Mehrzahl aller anderen Zeitungen und Zeitschriften von Gesellschaften mit beschränkter Haftung und einige auch von Verlagen mit anderer Rechtsform verlegt werden. Diese Tatsache ist ein Kriterium des deutschen Pressewesens, das seit jeher hauptsächlich aus kleinen und mittleren Zeitungen bestand, die sich zum überwiegenden Teil im Familienbesitz befanden. „So waren von 1926 bis 1927 etwa 76 % der damals untersuchten Zeitungen im Familienbesitz"[29]. Diese Verhältnisse änderten sich grundlegend nach dem politischen Umbruch von 1933. Im Zusammenhang mit dem Aufbau des N.S.-Pressetrusts übernahm die damalige Reichsregierung die Mehrzahl aller großen Tageszeitungen. Im Oktober 1944 waren von insgesamt 977 deutschen Zeitungen 352 Blätter mit 82,5 % der Gesamtauflage diesem Pressetrust angeschlossen[30].

Die Rechtsform der Aktiengesellschaft war aus diesen Gründen in der deutschen Presse nicht sehr verbreitet. 1929 waren beispielsweise im Handbuch der deutschen Aktiengesellschaften nur 61 Zeitungsverlage verzeichnet.[31] Durch die sogenannte Amann'sche Verordnung[32] wurde die Zahl der Zeitungsaktiengesellschaften noch weiter eingeschränkt. Nach dem Zusammenbruch von 1945 aber fand die Rechtsform der Aktiengesellschaft ebenfalls keine nennenswerte Verbreitung, und zwar einerseits auf Grund des Lizenzzwanges durch die alliierten Militärbehörden, die Lizenzen für die Herausgabe von Zeitungen und Zeitschriften immer nur an natürliche Personen vergaben. Anderseits wird im Hinblick auf den geringen Sachwert von Zeitungsverlagsunternehmen ohne eigene Druckereien von Kreditgebern der persönlichkeitsgebundene Kredit bevorzugt, so daß die anonyme Aktiengesellschaft schon deshalb wenig Anklang findet. Schließlich verhinderte auch die Doppelbesteuerung der Aktie — wie in jeder anderen Branche — die Neugründung von Zeitungsaktiengesellschaften nach dem Kriege. Aus älteren Jahrgängen des Handbuchs der deutschen Aktiengesellschaften konnten jedoch noch eine Reihe von Verlagsunternehmungen namhaft gemacht und in die Untersuchung einbezogen werden.

---

[28] Informationsstelle zur Feststellung der Verbreitung von Werbebeiträgen (IVW), Bad Godesberg, 3. Vierteljahresheft 1954: Der Badenia-, der Schwaben- und der Ullstein-Verlag.

[29] Manfred Rietschel, Der Familienbesitz in der deutschen Tagespresse, Leipzig 1928, S. 2, zitiert aus: Bertkau-Bömer: Der wirtschaftliche Aufbau des deutschen Zeitungsgewerbes, Berlin 1932, S. 188.

[30] Vgl.: Presse in Fesseln, Berlin 1948, S. 116.

[31] Bertkau und Bömer, a. a. O., S. 193.

[32] Anordnung des Präsidenten der Reichspressekammer „Zur Wahrung der Unabhängigkeit des Zeitungsverlagswesens" vom 24. April 1935.

4*

Bei den anderen, also nicht in die Form von Aktiengesellschaften gekleideten Verlagsunternehmungen konnte die Untersuchung hauptsächlich nur auf neuere Bilanzen bezogen werden. Hierfür standen dem Verfasser insbesondere Unterlagen aus seiner eigenen Berufspraxis zur Verfügung. Diese betrafen fast ausschließlich Gesellschaften mit beschränkter Haftung[33]. Soweit dem Verfasser hierdurch nicht direkter Zugang zu derartigen Quellen und Bilanzen möglich war, konnten weitere Gesellschaften nicht herangezogen werden, da diese ihre Bilanzen im Gegensatz zu Aktiengesellschaften nicht veröffentlichen müssen. Deshalb war es für diese Fälle wiederum schwieriger, Angaben über Verlagsrechte und ihre Bilanzierung aus einer länger zurückliegenden Zeit zu bekommen.

Gegen die Erkenntniskraft der vorgenommenen Bilanzanalysen könnte außerdem geltend gemacht werden, daß die untersuchten Verlagsunternehmungen nicht als repräsentativ für die Praxis des Verlagsgewerbes schlechthin angesehen werden können. Hierzu ist einmal zu bemerken, daß zwei der namhaftesten Berliner Zeitungsunternehmen, nämlich der Ullstein-Verlag und der ehemalige Scherl-Verlag in die Untersuchung einbezogen werden konnten. Zum anderen umfaßt die Untersuchung insgesamt

23 Zeitungs- oder Zeitschriften-Verlagsunternehmungen und
29 Buch- oder sonstige Verlagsunternehmungen.

In der zweiten Gruppe sind u. a. vier Musikverlage, zwei Fotoverlage und mehrere Kunstverlage enthalten. Die nach den gegebenen und teilweise beschränkten Möglichkeiten ausgewählten Unternehmungen haben somit eine ausreichende große Streuung, um über die Bilanzierungsformen von Verlagsrechten in der Praxis in genügendem Maße auszusagen. Im übrigen sollen diese Beispiele ohnehin keinen Anspruch darauf erheben, ein absoluter Querschnitt durch die von der Praxis gepflogenen Bilanzierungsformen für dieses Recht zu sein, was im Hinblick auf Differenziertheit der Verlagsrechte und die Unterschiedlichkeit ihrer Bilanzierung auch kaum möglich sein dürfte. Die vorgenommenen Bilanzanalysen sollen vielmehr lediglich dazu dienen, die theoretischen Ausführungen über die Bilanzierung von Verlagsrechten verständlicher zu machen und die zu erarbeitenden Bilanzierungsregeln für diese Rechte zu begründen bzw. zu untermauern. Dazu aber erscheinen die zur Verfügung stehenden Beispiele, die im folgenden — unterteilt nach Aktiengesellschaften und anderen Gesellschaften — beschrieben werden, durchaus geeignet.

---

[33] „Die Gesellschaft mit beschränkter Haftung bietet für geschäftliche Zwecke die größte Bewegungsmöglichkeit, weil sie nicht so leicht einem Besitzwechsel ausgesetzt werden kann, bei der Übersichtlichkeit ihrer Verfassung rasche Entscheidungen erleichtert und mit dem vorhandenen Besitz eine Unterlage für Kreditaufnahme bildet. Sie ist heute noch weiter verbreitet als vor 1933", zitiert aus: März, a. a. O., S. 305.

1. Die Bilanzierung von Verlagsrechten durch Aktiengesellschaften

Von den in die Untersuchung einbezogenen 32 Aktiengesellschaften weisen nur 16 in ihren Bilanzen Verlagsrechte in irgendeiner Form aus. 14 Gesellschaften dagegen bilanzieren derartige Werte nicht, während bei einer anderen die Bilanzierung nicht eindeutig ist und für eine weitere die Bilanzen im Handbuch nicht enthalten waren. Schon aus diesen Zahlen kann man erkennen, wie uneinheitlich die Bilanzierung von Verlagsrechten in der Praxis ist. Denn daß alle Gesellschaften, die Verlagsrechte in ihren Bilanzen nicht ausweisen, derartige Rechte nicht besitzen, dürfte schwerlich der Fall sein, da es sonst keine Verlagsgesellschaften wären, es sei denn, sie haben die Verlagsrechte gepachtet, was jedoch wenig wahrscheinlich ist. Hierzu sei auf zwei Beispiele verwiesen:

a) Der Badenia-Verlag AG (s. Anh. 1, zu 2) verlegt u. a. die zweitgrößte Morgenzeitung in Karlsruhe, die „Badische Volkszeitung". Dieses Blatt erreichte im 3. Quartal 1954 eine Auflagenhöhe von 26 743 Stück (Druckauflage), wovon 25 085 Stück oder 93,8 % an feste Einzelbezieher verkauft wurden[34].

b) Die „Aalener Volkszeitung", die im Schwabenverlag AG. (s. Anh. 1, zu 3) herausgegeben wird, hatte im gleichen Quartal eine Druckauflage von 14 518 Stück, was bei einer Einwohnerzahl der Stadt Aalen von 25 357 immerhin sehr beachtlich ist[35].

Beide Verlagsunternehmungen bilanzieren keine Verlagsrechte. Dennoch dürften diese Zeitungen mit solchen Rechten verknüpft sein, zumal die betreffenden Verlagserscheinungen — mit einer durch die nazistische Gesetzgebung bedingten Unterbrechung — seit mehr als 50 Jahren von den genannten Verlagen herausgegeben werden. Eine andere Frage ist die der Anschaffungskosten, die insofern von Bedeutung sind, da Verlagsrechte als Gegenstände des Anlagevermögens bekanntlich nur in dieser Höhe aktiviert werden dürfen. Es scheint jedoch zweifellos zu sein, daß für die Schaffung einer Organisation und eines Abnehmerkreises — der größte Teil davon besteht aus festen Abonnenten —, die das Bestehen eines Zeitungsunternehmens eine derartig lange Zeit ermöglichen, ursprünglich auch einmal Aufwendungen gemacht worden sind. Im Hinblick auf die möglicherweise in der Zwischenzeit erfolgte Abschreibung dieser Werte müßten die Verlagsrechte aber immerhin wenigstens noch mit Erinnerungswerten bilanziert werden.

Ebenso unterschiedlich wie die Bilanzierung von Verlagsrechten überhaupt ist, so verschieden sind auch die Bezeichnungen, unter denen

---

[34] IVW, a. a. O., S. 86.
[35] IVW, a. a. O., S. 2.

die Bilanzierung vorgenommen wird. In den Bilanzen der untersuchten Gesellschaften kamen folgende Bezeichnungen vor:

7mal „Verlagsrechte",

4mal „Verlagswert",

1mal „Verlagswerte",

1mal „Verlag",

1mal „Verlagsrechtskonto",

1mal „Verlagsobjekt",

1mal „Verlags- und Urheberrecht".

Daneben gelangten in den Bilanzen der gleichen Gesellschaften Verlagsrechte auch unter den Positionen zum Ausweis:

„Posten, die der Rechnungsabgrenzung dienen",

„Verlag, Beteiligung und Lizenzen",

„Verlagsrecht und Beteiligungen".

Bei der Mehrzahl der von den verschiedenen Unternehmungen gewählten Bezeichnungen besteht kein wesentlicher Unterschied. Die Ausdrücke „Verlagsrecht" und „Verlagswert" sind, wie schon mehrmals betont wurde, wesensgleich, wobei die Anwendung des Plurals eine Frage des Tatbestandes ist, d. h. immer dann zu verwenden ist, wenn tatsächlich mehrere Verlagsrechte in der betreffenden Unternehmung gebunden sind. Andererseits werden diese beiden Begriffe in den verschiedenen Verlagsbranchen verschieden häufig benutzt, während bei Buchverlagen und ähnlichen Unternehmungen der Ausdruck „Verlagswert" fast gar nicht Verwendung findet, sondern hauptsächlich „Verlagsrechte" zum Ausweis gelangen, bezeichnen Zeitungs- und Zeitschriftenverlage ihre Verlagsrechte meist als „Verlagswerte". Hieraus ergibt sich, daß die Praxis teilweise bereits die sachlichen Unterschiede der einzelnen Verlagsrechtsarten durch die Wahl einer entsprechenden Bezeichnung äußerlich zu kennzeichnen versucht. Für die Verlagsrechte im engeren Sinne, bei denen der rechtliche Charakter stärker in den Vordergrund tritt, wird hauptsächlich die Bezeichnung „Verlagsrechte" benutzt, während die Verlagsrechte an periodischen Sammelwerken, bei denen die rechtlichen hinter den wirtschaftlichen Wesenszügen zurücktreten, unter dem Begriff „Verlagswerte" zusammengefaßt werden.

Diese begriffliche Trennung der wirtschaftlich so differenzierten Hauptgruppen der Verlagsrechte erscheint sehr zweckmäßig und im Interesse der Bilanzklarheit auch wünschenswert. Leider hat sich jedoch diese Gepflogenheit bisher weder in der Praxis noch in der Literatur endgültig durchgesetzt, weshalb zunächst beide Bezeichnungen noch nebeneinander benutzt werden müssen.

Alle anderen Bilanzposten, unter denen Verlagsrechte in der Praxis bilanziert werden, sind allein schon deshalb abzulehnen, weil sie eine einheitliche Gestaltung der Bilanzen von Verlagsunternehmungen gefährden, die aus Gründen der Klarheit, Übersichtlichkeit und Vergleichbarkeit notwendig ist. Außerdem sind sie teilweise veraltet und geben auch vielfach Anlaß zu Mißverständnissen. Als überholt ist z. B. die Bezeichnung „Verlagsrechtekonto" anzusehen, die aus einer Bilanz zum 31. Dezember 1936 entnommen ist. Der Zusatz „Konto" ist überflüssig, da er keinen bestimmten Tatbestand kennzeichnet und alle Bilanzpositionen irgendwelchen Konten entnommen sind. Der Ausdruck „Verlag", wie er in den Bilanzen der Gundlach AG. (s. Anh. 1 zu 5) bis 1942 Verwendung findet, ist unklar und mehrdeutig. Hierunter können Verlagsrechte verstanden werden, aber auch andere immaterielle oder ideelle Werte, wie der Firmenverlagswert. Außerdem können sich hierunter auch der Kundschaftswert oder eine Beteiligung an einem Verlag u. a. verbergen. Besonders mißverständlich wird diese Bezeichnung dann, wenn sie mit anderen Bilanzpositionen zusammengezogen wird, wie das in der Bilanz der oben genannten Gesellschaft zum 31. Dezember 1941 der Fall ist. Während der gemeinsame Ausweis von Verlags- und Urheberrechten (Ullstein-Verlag) zwar auch nicht immer zweckmäßig, aber doch vertretbar ist, muß die Zusammenfassung von Verlagsrechten und Beteiligungen in der Bilanz auf jeden Fall abgelehnt werden. Hierin ist nicht nur eine große Durchbrechung der allgemeinen Bilanzierungsgrundsätze, sondern auch ein Verstoß gegen klare aktienrechtliche Bestimmungen (§ 131) zu erblicken. Ebenfalls abzulehnen ist, wie an anderer Stelle schon ausführlich begründet wurde, die Bilanzierung von Verlagsrechten unter der Position „Posten, die der Rechnungsabgrenzung dienen".

Die angestellten Erhebungen haben ferner ergeben, daß in der Praxis häufig auch gegen den Grundsatz der formellen Bilanzkontinuität verstoßen wird. Dies war bei zwei Unternehmungen zu beobachten. Die eine ist der Ullstein-Verlag, der in seiner Bilanz zum 31. Dezember 1932 „Verlags- und Urheberrechte" im Werte von rund RM 213 000,— auswies. In den folgenden Jahren sind diese Werte in den Rechnungsabgrenzungsposten enthalten, und ab 1952, dem Zeitpunkt der Neugründung der Aktiengesellschaft, werden „Verlags- und Urheberrechte" wieder gesondert ausgewiesen, jedoch nur mit einem Erinnerungswert von DM 1,—, obwohl z. B. die Wiedereinführung der Berliner Morgenpost mit erheblichen Kosten verbunden gewesen sein dürfte. Die Bilanzierung der Verlagsrechte in der Zwischenzeit, in der das Unternehmen als Kommanditgesellschaft unter der Firma „Deutscher Verlag" geführt wurde, ist dagegen nicht bekannt. Ein anderer Verlag, bei dem ebenfalls eine mehrfache Änderung der Bilanzierungsform für Verlagsrechte zu beobachten war, ist die E. Gund-

lach AG., Bielefeld. Diese Gesellschaft wies in ihren Bilanzen von 1932
bis 1940 Verlagsrechte in schwankender Höhe unter der Bezeichnung
„Verlag" aus. In der Bilanz zum 31. Dezember 1941 wurde diese Bilanzposition mit Beteiligungen und Lizenzen zusammengefaßt, während in
den DM-Bilanzen Verlagsrechte überhaupt nicht mehr ausgewiesen
werden, es sei denn, daß sie sich nunmehr unter der Bezeichnung
„Lizenzen" verbergen (31. Dezember 1949), was der Fall sein könnte,
wenn die Namensrechte bei Dritten liegen und lediglich das Heraus-
gabe- bzw. Lizenzrecht gekauft worden ist. Welcher Form der Bilanzierung auch immer der Vorzug gegeben wird, das Fehlen bindender
gesetzlicher Vorschriften darf jedoch keinesfalls dazu führen, daß der
einmal gewählte Bilanzausweis einem derartigen Wechsel unterliegt.
Hierin ist ein klarer Verstoß gegen die Ordnungsmäßigkeit der Bilanzierung zu erblicken, da eine solche Handhabung nicht nur die Vergleichbarkeit der Bilanzen innerhalb des Verlagsgewerbes, sondern
auch die des betreffenden Unternehmens gefährdet.

Schließlich sei in diesem Zusammenhang noch einmal kurz auf die
Deutung des Verlagswertes als Geschäfts- oder Firmenwert einer Ver-
lagsunternehmung eingegangen. Aus dem, was zahlreiche Verlags-
gesellschaften inhaltlich unter der Bilanzposition Verlagswert zum
Ausweis bringen, geht einwandfrei hervor, daß zum mindesten ein
Großteil der Praxis den Verlagswert nicht als Firmenwert ansieht.
Hierzu sei auf folgende Beispiele verwiesen. Die Zeitschriften AG.,
Berlin (s. Anh. 1 zu 7), aktivierte unter der Bilanzposition „Verlagswert" den in den ersten beiden Jahren entstandenen Verlust aus der
Einführung mehrerer Zeitschriften. Daß diese Verluste mit den originär
entstandenen Verlagsrechten der betreffenden Verlagserscheinungen
in ursächlichem Zusammenhang stehen, ist ohne Zweifel. Keinesfalls
jedoch repräsentieren diese Verluste den Geschäfts- oder Firmenwert
des Verlages, zumal es entschieden zu weit führen würde, wollte man
die Gründungs- oder Einführungsverluste einer Gesellschaft, ganz
gleich welcher Branche, mit dem Goodwill der betreffenden Unternehmung identifizieren. Daß diese Auffassung in der Praxis nicht
vereinzelt dasteht, zeigen u. a. auch die Bilanzen der Industrie-Verlag
und Druckerei AG., Düsseldorf (s. Anh. 1 zu 4), die am 31. Dezember
1936 einen Verlagswert von RM 177 500,— bilanzierte. Im Jahre 1937
ging das Verlagsgeschäft auf eine Tochtergesellschaft über. Ob dabei
der Firmenwert des Industrie-Verlages derart sank, daß in diesem
Jahr eine Vollabschreibung des Verlagswertes, der nun nicht mehr
bilanziert wurde, erforderlich war, erscheint mehr als zweifelhaft.
Auch die Günther & Sohn AG., Berlin (s. Anh. 1 zu 11), behandelte
ihren „Verlagswert" nicht als Firmenwert, denn als sie im Jahre 1939
für den Verkauf ihrer Verlagsrechte einen Erlös von RM 455 000,—
erzielte, wurde dieser Betrag mit dem bis zu diesem Zeitpunkt bilan-

zierten „Verlagswert" aufgerechnet. Diese Handhabung wäre keinesfalls zu vertreten, wenn der Verlagswert dem Firmenwert gleichzusetzen ist.

2. Die Bilanzierung von Verlagsrechten durch Nichtaktiengesellschaften

Die Untersuchung der Bilanzierung von Verlagsrechten bei Aktiengesellschaften hat sowohl hinsichtlich der Frage, ob diese Rechte zu
bilanzieren sind, als auch in bezug auf die Form ihres bilanzmäßigen
Ausweises große Unterschiede ergeben. Wenn in den diesbezüglichen
Betrachtungen zunächst nur Aktiengesellschaften Berücksichtigung
fanden, so hat das nicht etwa den Grund, daß sich die Bilanzierungsformen für Verlagsrechte bei Verlagen mit einer anderen Rechtsform
von denen der Aktiengesellschaften wesentlich unterscheiden. Anlaß
für eine Zweiteilung der Untersuchung war vielmehr der Tatbestand,
daß für Aktiengesellschaften fest umrissene, wenn auch nicht immer
ganz eindeutige und allesumfassende Bilanzierungsvorschriften
bestehen, während dies für andere Gesellschaften nicht der Fall ist.
Letztere sind bei der Bilanzierung lediglich an die Grundsätze ordnungsgemäßer Bilanzierung gebunden, die bekanntlich eine Dehnbarkeit
haben, die es diesen Gesellschaften gestattet, ihre Bilanzen wesentlich
freizügiger zu gestalten. Wenn auch die Grundsätze ordnungsgemäßer
Bilanzierung im allgemeinen mit den aktienrechtlichen Vorschriften
in engsten Zusammenhang gebracht werden, so ist ein Vorstoß gegen
diese Vorschriften bei Nichtaktiengesellschaften dennoch nicht so
schwerwiegend wie bei Aktiengesellschaften.

Von den 20 in Frage kommenden Gesellschaften — alle von ihnen
waren im Besitz von Verlagsrechten — hatten 11 die Verlagsrechte
bilanziert. Teilweise wurden sie direkt ausgewiesen, zum Teil aber
auch zusammen mit den betreffenden Verlagsbeständen — insbesondere bei Musikverlagen. Hinsichtlich der Häufigkeit der Bilanzierung
von Verlagsrechten ergab sich somit ein ähnliches Verhältnis wie bei
den untersuchten Aktiengesellschaften. In bezug auf die Form des
bilanziellen Ausweises kamen vor:

3mal „Verlagswert",
1mal „Verlagswerte",
5mal „Verlagsrechte",
1mal „Verlagsbestände",
1mal „Originale".

Die zur bilanziellen Kenntlichmachung der Verlagsrechte verwen-
deten Bezeichnungen waren also nicht so vielfältig wie bei Aktiengesellschaften. Andere Bilanzpositionen als „Verlagsrecht" oder „Verlagswert" wurden lediglich bei einem Musikverlag und bei einem

Fotoverlag benutzt. Im übrigen wiesen bis auf einen Zeitungsverlag alle anderen, sofern sie die Verlagsrechte überhaupt bilanzierten, diese als „Verlagswerte" aus. Die Ausdrücke „Verlagsbestände" und „Originale" gelangten deshalb zur Anwendung, weil die betreffenden Unternehmungen die Erwerbskosten ihrer Verlagsrechte mit den Herstellkosten der betreffenden Verlagserscheinungen koppelten; eine gesonderte Bilanzierung der Verlagsrechte lag also hier nicht vor.

Wie schon bei den Aktiengesellschaften festgestellt werden konnte, sprechen auch die Bilanzierungsgepflogenheiten anderer Gesellschaften gegen die Auslegung des Verlagswertes als Geschäftswert der Verlagsunternehmung. Kennzeichnend hierfür ist vor allem die Tatsache, daß nur Zeitungsverlagsunternehmen den Ausdruck „Verlagswert" benutzen, während alle anderen Verlagsgesellschaften der Bezeichnung „Verlagsrecht" den Vorzug geben. Es ist jedoch mehr als unwahrscheinlich, daß von allen untersuchten Unternehmungen ausgerechnet nur Zeitungsverlage ihren Firmenwert bilanzierten und Buch-, Musiksowie sonstige Verlage nicht. Im übrigen wies der einzige Verlag, der sein Goodwill überhaupt bilanzierte, diesen nicht als „Verlagswert", sondern als „Firmenwert" aus.

In eine Berliner Zeitungsgesellschaft wurde bei der Gründung im Jahre 1945 das Verlagsrecht unter der Bezeichnung „Verlagswert" eingebracht. Auch hieraus geht eindeutig hervor, daß die betreffende Gesellschaft den Verlagswert nicht als Firmenwert angesehen hat, da letzterer bekanntlich nur aktiviert werden darf, wenn für ihn tatsächlich Aufwendungen gemacht worden sind. Dies ist jedoch zum Zeitpunkt der Gründung der Unternehmung nicht der Fall.

Besonders deutlich veranschaulicht wird das Wesen der Verlagswerte durch die Analyse der Bilanzen des ehemaligen Scherl-Verlages (s. Anhang 2 zu 1). Während August Scherl als Begründer des Verlages den Verlagswert ursprünglich als einen Bilanzausgleichsposten zur Vermeidung der Überschuldung benutzte, setzte mit der Gründung der Scherl G. m. b. H. im Jahre 1895 eine planmäßige Entwicklung des Verlagswertes bzw. der Verlagswerte ein. Die Bilanzansätze der Verlagswerte wurden — abgesehen von den zeitweilig vorgenommenen Abschreibungen — nur dann verändert, wenn der Zu- bzw. Abgang von Verlagsrechten eine solche Veränderung bedingte. Im übrigen waren die Verlagswerte auf die einzelnen Verlagserscheinungen aufgeteilt. Genau so wie es unmöglich ist, daß eine Verlagsunternehmung mehrere Firmenwerte besitzt, so unmöglich erscheint es auch, das Goodwill einer Verlagsunternehmung auf die einzelnen Objekte aufzuteilen. Auch hieraus geht einwandfrei hervor, daß es sich beim Verlagswert lediglich um eine besondere Art der Verlagsrechte, nämlich solche an Zeitungen und Zeitschriften, handelt.

Ferner ist an den Bilanzen des Scherl-Verlages bemerkenswert, daß die Gesellschaft ihre Verlagsrechte an Büchern usw. nicht gesondert auswies. Die Erwerbskosten für derartige Rechte gingen von vornherein in die Herstellkosten der betreffenden Werke ein. Sofern derartige Werke am Bilanzstichtag noch nicht zum Abdruck gelangt waren, wurden die Honorarzahlungen hierfür als „Bestände" an Romanen, Artikeln, Rätseln usw. aktiviert.

Bei anderen Verlagsgesellschaften, insbesondere bei den untersuchten Musikverlagen, konnten ähnliche Feststellungen getroffen werden. Die Honorarzahlungen an Autoren bzw. Komponisten wurden, soweit sie nicht in Form der Umsatz- oder Gewinnbeteiligung abgegolten wurden, fast immer mit den Herstellkosten verrechnet. Bestände wurden vielfach nur dann bilanziert, sofern die betreffenden Verlagserscheinungen noch nicht zum Verkauf gelangt waren. Andererseits war jedoch auch die Beobachtung zu machen, daß Honorarzahlungen als Anzahlungen ausgewiesen wurden, obwohl die betreffenden Rechte schon übertragen bzw. die Manuskripte bereits geliefert waren, was aus den oben angeführten Gründen nicht vertretbar ist.

Die Durchbrechung der formellen Bilanzkontinuität konnte an Hand von Bilanzen der Nichtaktiengesellschaften, abgesehen von der Reaktivierung von Erinnerungsposten für Verlagsrechte, dagegen nicht festgestellt werden.

V. Formelle Bilanzierungsregeln für Verlagsrechte

Aus den vorstehenden Ausführungen ist ersichtlich, daß die Bilanzierung von Verlagsrechten in der Praxis außerordentlich unterschiedlich gehandhabt wird. Auch die Literatur nimmt zu dieser Frage vielfach keine eindeutige Stellung ein. Sofern sich einzelne Autoren oder die Rechtsprechung überhaupt näher mit den Verlagsrechten befassen, gehen auch hier die Meinungen, ob und wie Verlagsrechte zu bilanzieren sind, erheblich auseinander. Die Ursache hierfür dürfte auf die Tatsache zurückzuführen sein, daß die Verlagsrechte meist ihrem Wesen nach nicht klar erkannt und deshalb oft anderen immateriellen Güterrechten oder ideellen Werten gleichgesetzt werden. Tatsächlich aber unterscheiden sich die Verlagsrechte zum Teil recht erheblich von den genannten Werten. Die Verwendung einer unklaren und mißverständlichen Terminologie erschwert die Situation noch beträchtlich. Die Folge hiervon ist die an Hand zahlreicher Beispiele dargestellte Unterschiedlichkeit in der Bilanzierung und den Bilanzierungsformen. Um diese Unsicherheit in der Praxis zu beheben, ist es erforderlich, die Verlagsrechte eindeutig zu definieren und vor allem die zwischen den verschiedenen Arten bestehenden rechtlichen und wirtschaftlichen Unterschiede klar herauszu-

stellen. Deshalb sollen die vorstehend im einzelnen erarbeiteten Wesens-
merkmale der Verlagsrechte hier noch einmal zusammengefaßt werden,
um aus den gewonnenen Erkenntnissen einheitliche Bilanzierungsregeln
für diese Rechte ableiten zu können.

a) Verlagsrechte im engeren Sinne sind vor allem Buch- und Musikverlagsrechte sowie die Rechte an Beiträgen (Artikeln) zu periodischen Sammelwerken. Diesen wirtschaftlich gleichzusetzen sind die Rechte an Fotografien usw. Hierbei handelt es sich um ausschließliche Monopolrechte, deren
wirtschaftliche Bedeutung hinter den rechtlichen Faktoren zurücksteht.
Ihr wirtschaftlicher Wert ist, gemessen an den Herstellungskosten der betreffenden Verlagserscheinungen, meist nur gering.

b) Verlagsrechte im weiteren Sinne sind hauptsächlich die Rechte an periodischen Sammelwerken wie Zeitungen, Zeitschriften, Nachschlagebücher
usw. Diese Rechte besitzen keinen ausschließlichen Monopolcharakter,
sondern basieren lediglich auf dem rechtlichen Titelschutz. Ihre wirtschaftliche Bedeutung liegt in dem mit dem Titel der Verlagserscheinung
verbundenen Wert einer Organisation sowie des Abnehmer- und Inserentenkreises. Als selbständig veräußerbares Wirtschaftsgut ist ein derartiger Wert keinesfalls dem Geschäfts- oder Firmenwert einer Verlagsunternehmung, dem Firmenverlagswert, gleichzusetzen.

Nach dem Ergebnis der angestellten Untersuchungen können für diese
Rechte folgende Bilanzierungsregeln aufgestellt werden:

Zu a):

1. Buch-, Musik- und ähnliche Verlagsrechte können je nach Art und Umfang entweder dem Umlaufvermögen oder dem Anlagevermögen zugerechnet werden. Beinhalten sie die Rechte für alle möglichen, zukünftigen
Auflagen der betreffenden Verlagserscheinungen, so gehören sie zum Anlagevermögen. (So z. B. auch Musikverlagsrechte, die langfristige Gema-
Einnahmen hervorrufen.)

2. Die Aktivierung dieser Gruppe von Verlagsrechten darf nur erfolgen,
wenn hierfür Aufwendungen gemacht wurden. Beim Erwerb der Rechte
gegen Umsatz- oder Gewinnbeteiligung ist es jedoch zweckmäßig, wenigstens einen Merkwert in Ansatz zu bringen.

3. Der bilanzmäßige Ausweis der Verlagsrechte im engeren Sinne kann
unter der aktienrechtlichen Bilanzposition „Konzessionen, Patente, Lizenzen, Marken und ähnliche Rechte" erfolgen; wünschenswert ist jedoch ein
gesonderter Ausweis unter der Bezeichnung „Verlagsrechte".

4. Verlagsrechte, deren Wert gegenüber den Herstellkosten gering ist und
die sich auf eine oder nur eine beschränkte Zahl von Auflagen beziehen,
können, wie es in der Praxis aus Vereinfachungsgründen geschieht, als
Werte des Umlaufvermögens angesehen werden. In diesem Fall gehört
der Erwerbspreis zu den Herstellkosten. Diese Rechte werden demnach
gemeinsam mit den betreffenden Beständen bilanziert.

5. Verlagsrechte an Beiträgen, die nur zur einmaligen Veröffentlichung bestimmt sind, gehören grundsätzlich zum Umlaufvermögen. Honorare
hierfür werden den Herstellkosten zugerechnet.

6. Erwerbskosten für Verlagsrechte, die zum Umlaufvermögen zu zählen
sind, dürfen nicht als Anzahlungen bilanziert werden, wenn die Gegenleistung des Autors schon erfolgt ist, auch dann nicht, wenn die Ablösung

des Kaufpreises in Form einer Umsatz- oder Gewinnbeteiligung erfolgt, wie das z. B. bei Garantiebeträgen bzw. Mindestanzahlungen der Fall ist. Empfehlenswert ist die Bilanzierung unter einer Sonderposition wie etwa: „Bestände an Artikeln, Romanen usw."

Zu b):

1. Verlagsrechte an periodischen Sammelwerken gehören immer zum Anlagevermögen. Zur Unterscheidung mit sonstigen Verlagsrechten sind sie besser als „Verlagswerte" zu bezeichnen.
2. Verlagswerte dürfen nur dann aktiviert werden, wenn für ihren Erwerb — gleichgültig ob er derivativ oder originär erfolgte — Aufwendungen gemacht werden.
3. Die Verlagswerte sind weder als Rechte im Sinne des § 131 A II 5 des Akt.Ges. noch als Geschäfts- oder Firmenwert anzusehen. In der Bilanz sind sie daher als branchenbedingte Sonderposition unter den übrigen Vermögenswerten des Anlagevermögens, am zweckmäßigsten unter der Bezeichnung „Verlagswerte" auszuweisen.
4. Eine Zusammenziehung dieses Bilanzpostens mit anderen Positionen, wie beispielsweise mit Beteiligungen, ist ein Verstoß gegen die Grundsätze ordnungsgemäßer Bilanzierung und daher abzulehnen.

C. Die materielle Bilanzierung von Verlagsrechten

I. Bewertungsgrundsätze

1. Allgemeines

Unter Bewertung schlechthin versteht man die ziffermäßige Feststellung des Wertes eines Wirtschaftsgutes[1]. Da die Bewertung von Menschen vorgenommen wird, ist die Auslegung dieser an sich so einfachen Formel sehr unterschiedlich. Auf die verschiedenen Werttheorien kann in diesem Zusammenhang nicht näher eingegangen werden. Dennoch sind den folgenden Ausführungen einige grundsätzliche Bemerkungen voranzustellen, weil bei den einzelnen Funktionen der Bewertung — dem Abschätzen und Erkennen des Wertes sowie beim Werturteil — subjektive Momente mitspielen. Diese sind in erster Linie davon abhängig, welchen Standpunkt der Bewerter zum Wertproblem überhaupt einnimmt, und welche Zielsetzung er mit der Bewertung verfolgt.

Die vorliegende Arbeit soll der Praxis des Verlagsgewerbes Anregungen für die Bilanzierung von Verlagsrechten geben; deshalb ist sie vorwiegend betrieblich orientiert. Ausgangspunkt für die Bewertung ist somit die betriebswirtschaftliche Theorie. Danach ist das Ziel der Bewertung die Herstellung einer gedanklichen Bindung zwischen Beschaffungs- und Absatzmarkt, um dem Betrieb eine bestmögliche Ausnutzung des zwischen beiden bestehenden Wertgefälles zu ermöglichen[2]. Hierbei sind dem Betriebswirt von vornherein zwei feste Beziehungsgrößen gegeben. Die eine von ihnen sind die Kosten (Anschaffungs- oder Herstellkosten) und die andere der erzielbare Preis. Die Aufgabe des Betriebswirtes ist es, das zwischen beiden bestehende Verhältnis zu ermitteln, und zwar zum gegenwärtigen Zeitpunkt und in den verschiedenen Stadien der Produktion. Diese Art der Bewertung führt zu einem marktbezogenen Zeitwert.

Neben dieser betriebswirtschaftlichen Bewertung im engeren Sinne, der Ermittlung des Marktzeitwertes, gibt es aber noch andere Bewertungsarten, deren Zielsetzung völlig anders gelagert ist. Hierbei handelt es sich um die Bezifferung von Gütern zu bestimmten Zwecken; z. B. die Bewertung in der Bilanz. Die bilanzielle Bewertung birgt eine

---

[1] Mellerowicz, Allgemeine Betriebswirtschaftslehre Bd. II, S. 79.
[2] Mellerowicz, Wert und Wertung im Betrieb, S. 15.

Vielzahl von Problemen, die teils rein betrieblich bedingt sind, zum anderen Teil aber durch handelsrechtliche oder steuerrechtliche Faktoren bestimmt sind.

Auf die Bewertung von Verlagsrechten bezogen bedeutet dies, daß ein grundsätzlicher Unterschied zu machen ist, ob die Bewertung für den Jahresabschluß einer Verlagsunternehmung erfolgt oder aber für rein betriebswirtschaftliche Zwecke beispielsweise für die Ermittlung des Verkaufspreises. Die Bewertung im engeren Sinne richtet sich allein nach den Notwendigkeiten einer exakten Wertfindung im Betriebe. Die Bewertung für den Jahresabschluß hat dagegen nicht die Aufgabe, den tatsächlichen wirtschaftlichen Wert eines Verlagsrechtes d. h. den gegenwärtig gültigen Marktzeitwert, festzustellen, sondern befaßt sich mit der Ermittlung eines Wertansatzes für die Bilanz, der mit dem Marktwert des Verlagsrechtes in keiner unmittelbaren Beziehung steht. Der Wertansatz von Verlagsrechten in der Bilanz ist abhängig von den handelsrechtlichen Bewertungsvorschriften. Hierbei besteht zu der betriebswirtschaftlichen Theorie nur insofern eine Beziehung, als die Auslegung der allgemeinen Bewertungsrichtlinien im Rahmen der Grundsätze ordnungsgemäßer Bilanzierung das Zugrundelegen einer betriebswirtschaftlichen Theorie verlangt.

Hierzu gehört vornehmlich die allgemeine Bilanzauffassung. Von den dieser zugrundeliegenden Theorien steht heute sowohl betrieblich als auch handelsrechtlich die dynamische Bilanztheorie im Vordergrund. Nach der in der Praxis und in der Literatur vorherrschenden Meinung ist der handelsrechtliche Jahresabschluß einer Unternehmung eine dynamische Bilanz, deren Zielsetzung durch die Ermittlung des Erfolges gekennzeichnet wird. Diese Auffassung wurde u. a. auch in verschiedenen Urteilen des Reichsgerichtes, so bereits in einer Entscheidung aus dem Jahre 1885 dargelegt. In späteren Urteilen des Reichsgerichtes — vor allem im Zusammenhang mit den Goldmark-Eröffnungsbilanzen — wird die gleiche Ansicht noch deutlicher vertreten. Aber auch in den Bewertungsvorschriften des Aktiengesetzes und den Kommentaren hierzu kommt diese Auffassung übereinstimmend zum Ausdruck. So führen z. B. Adler-Düring-Schmaltz in diesem Zusammenhang aus[3]: „Das ganze Bewertungsproblem der normalen Jahresbilanz ist in erster Linie beherrscht von der Ermittlung des Erfolges".

Die Steuerbilanz ist dagegen vorwiegend statischer Natur. Das gilt nicht nur für die Bilanzierung bzw. Bewertung nach dem Vermögensteuer- oder nach dem Bewertungsgesetz, sondern — wie es aus der Verwendung des Teilwertes, der einen ausgesprochenen statischen Charakter hat, hervorgeht — auch für die gewinn- bzw. ertragsteuerlichen Bewertungsrichtlinien, nur daß diese auch durch die dynamische Bilanz-

---

[3] ADS, a. a. O., Tz 4 zu § 129.

lehre beinflußt sind. Im übrigen legen sich die Steuerlehre und das Steuerrecht nicht auf die Lehrbegriffe der Wirtschaftswissenschaft fest. Einer ihrer wesentlichsten Merkmale ist es, daß sie keinen systematischen Wertbegriff, sondern eine Vielzahl von Vorschriften und Regeln für die Wertfindung als objektive und verbindliche Normen festlegen. Aus der Fülle der steuerlichen Werte seien hier nur einige genannt: Der Einheitswert, der gemeine Wert, der Teilwert. Die steuerlichen Bewertungsvorschriften sind äußerst mannigfaltig und vielfach unterschiedlich je nach der Grundlage der Besteuerung. Für den Betrieb am einschneidensten und am stärksten fühlbar ist die Gewinn- und Ertragsbesteuerung. Deshalb sollen aus der Vielzahl der steuerlichen Vorschriften hier nur die Bewertungsbestimmungen in Hinblick auf diese Steuerarten und hiervon wiederum nur die auf Verlagsrechte Anwendung findenden kurz untersucht werden.

2. Die Einordnung der Verlagsrechte in das aktienrechtliche Bewertungsschema

Grundlage für die handelsrechtliche Bewertung ist zunächst einmal der § 40 HGB, in welchem der Begriff des Zeitwertes geprägt wird, nämlich der Wert, der den betreffenden Gegenständen zum Zeitpunkt der Bilanzaufstellung beizulegen ist. Eine nähere Definition oder Begründung dieses Begriffes ist jedoch aus dem Gesetz nicht zu erkennen. Nach der heute allgemein anerkannten Auffassung sollte damit jedoch kein bestimmter Wertbegriff festgelegt werden, sondern vielmehr eine allgemeine Bindung an die Grundsätze einer fachgerechten Bilanzierung. Die Grundsätze ordnungsgemäßer Bilanzierung aber werden durch die bei weitem vorsichtigeren und mehr ins einzelne gehenden Vorschriften des Aktiengesetzes am besten interpretiert, so daß die diesbezüglichen Bestimmungen auch für Nichtaktiengesellschaften Anwendung finden. Die Bewertungsgrundsätze des Aktiengesetzes sind in den §§ 129 und 133 niedergelegt. Danach sind für die einzelnen Positionen der Bilanz verschiedene Bewertungsmaßstäbe maßgebend, je nach dem sie zum Anlage- oder zum Umlaufvermögen gehören. Für einzelne Vermögenswerte enthält das Aktiengesetz darüber hinaus noch Sonderbestimmungen und zwar vor allem für die Positionen „Konzessionen, Patente, Lizenzen, Marken und ähnliche Rechte"; „Organisationskosten" sowie für den „Geschäfts- oder Firmenwert".

Während im § 129 die grundsätzlichen Richtlinien der Bewertung niedergelegt sind, enthält der § 133 bestimmte Bewertungsmaßstäbe. Hierzu werden die aktiven Vermögenswerte zunächst in folgende Gruppen eingeteilt:

a) Verschleißanlagen — § 133 Ziff. 1 —

b) immaterielle Anlagegüter (insbesondere Rechte gem. § 131 A II 5)
   — § 133 Ziff. 2 —

c) ideelle Güter (Organisationskosten und Firmenwert)
— § 133 Ziff. 5 —

d) Gegenstände des Umlaufvermögens — § 133 Ziff. 3 —

Die Verlagsrechte rechnen — wie bereits unter Abschnitt B III begründet wurde — zu den immateriellen Wirtschaftsgütern, weshalb grundsätzlich die Bewertungsvorschriften des § 133 Ziff. 2 Akt.Ges. auf sie Anwendung finden. Für die Verlagsrechte im engeren Sinne ist dieser Tatbestand entsprechend ihrem Charakter als Rechte im Sinne des § 131 A II 5 eindeutig gegeben. Nur in Sonderfällen, wenn sie aus Vereinfachungsgründen als Gegenstände des Umlaufvermögens bilanziert werden, erfolgt die Bewertung gem. § 133 Ziff. 3 Akt.Ges. Verlagswerte, d. h. Rechte an periodischen Sammelwerken, sind keine Güterrechte. Sie sind jedoch auch nicht dem Firmenwert oder den Organisationskosten gleichzusetzen, sondern sind selbständig veräußerliche Wirtschaftsgüter. Da sie auch keinen Sachwert repräsentieren, kommt für sie ebenfalls nur die Bewertung gem. § 133 Ziff. 2 in Frage.

Die somit nach den Vorschriften des § 133 Akt.Ges. für die Bewertung von Verlagsrechten anzuwendenden Wertmaßstäbe sind in erster Linie die Anschaffungs- oder Herstellkosten. Eine Begriffsbestimmung dieser Wertgrenzen enthält das Aktiengesetz nicht. Nach Adler-Düring-Schmaltz[4] gehören zu den Anschaffungskosten neben dem Anschaffungspreis auch die Anschaffungsnebenkosten, das sind sämtliche Kosten, die im Zusammenhang mit der Beschaffung, dem Transport und der Einlagerung bzw. der Aufstellung oder dem Einbau erforderlich sind, weshalb vielfach im Gegensatz zum Anschaffungspreis auch vom Einstandspreis gesprochen wird. Betriebs- und Verwaltungskosten rechnen dagegen nicht zu den Anschaffungskosten.

Der zweite aktienrechtliche Wertmaßstab, der jedoch den Anschaffungskosten gleichzusetzen ist, sind die Herstellkosten. Während der Begriff der Anschaffungskosten noch verhältnismäßig eindeutig ist, wenn er auch mitunter von branchenbedingten Besonderheiten beeinflußt wird, bereitet die Abgrenzung der Herstellkosten in der Praxis häufig große Schwierigkeiten. Der Gesetzgeber des Aktiengesetzes führt hierzu lediglich aus (§ 133, 1 Abs. 3), daß angemessene Teile von Abschreibungen sowie der Betriebs- und Verwaltungskosten hinzugerechnet werden können. Vertriebskosten sind dagegen hiervon ausgenommen. Entsprechend der Verschiedenartigkeit der Erzeugnisse und der Produktionsverfahren kann eine einheitliche Richtlinie für die Zurechnung bestimmter Kostenarten zu den Herstellkosten nicht gegeben werden. Die Definition dieser Wertgrenze ist deshalb in der Praxis oft sehr unterschiedlich und schwierig. Es kann hierbei nur von Fall zu Fall entschieden werden, welche Kosten zum Begriff der Herstellkosten gehören und welche nicht.

---

[4] ADS, a. a. O., Tz 25 zu § 133. — Ebenso: Schl.-Q., a. a. O., Tz 7 zu § 133.

Neben diesen beiden Hauptwerten kommen für die Bewertung von Verlagsrechten nach dem Aktiengesetz noch zwei Nebenwerte in Frage, jedoch nur, wenn sie als Gegenstände des Umlaufvermögens bilanziert werden. Diese Werte sind der Börsen- oder Marktpreis und, sofern ein solcher nicht vorliegt, der Wert, der den betreffenden Gegenständen am Tage der Bilanzaufstellung beizulegen ist. Diese Werte gelangen dann zur Anwendung, wenn sie niedriger sind, als die Anschaffungs- oder Herstellkosten (Niederstwertprinzip). Der Börsen- oder Marktpreis bildet die Obergrenze des Wertansatzes, wenn die Preise für die Gegenstände notiert und veröffentlicht werden; er bedarf keiner besonderen Erläuterung. Ist der Börsen- oder Marktpreis für einen Vermögensgegenstand nicht bekannt, so ist der sogenannte Zeitwert die Wertobergrenze. Dieser Wert deckt sich nicht mit dem Zeitwertbegriff nach § 40 HGB, der — wie oben ausgeführt wurde — alle aktienrechtlichen Wertmaßstäbe umfaßt. Unter dem Zeitwert nach dem Aktiengesetz werden vielmehr die Wiederbeschaffungs- oder Reproduktionskosten verstanden und, wenn auch diese nicht ermittelt werden können, der mutmaßlich noch zu erzielende Verkaufspreis. Hierbei müssen dann analog zu der Abgrenzung der Anschaffungskosten Erlösminderungen wie Rabatte, Preisnachlässe und noch entstehende Transportkosten usw. in Abzug gebracht werden.

Bei der Bewertung von Verlagsrechten scheiden die Herstellkosten als Wertmaßstab von vornherein aus, da eine „Herstellung" von Verlagsrechten wie etwa die Fabrikation einer Maschine oder einer sonstigen Anlage begrifflich nicht möglich ist. Verlagsrechte werden entweder von Dritten erworben, und dies ist bei Verlagsrechten im engeren Sinne stets der Fall, oder aber in der Verlagsunternehmung durch Aufwendungen originär geschaffen. Auch im letzteren Fall kann man aber nicht von einer Herstellung sprechen, da es sich bei originär geschaffenen Verlagswerten um immaterielle Wirtschaftsgüter handelt. Der Begriff der Herstellkosten findet im Zusammenhang mit der Bewertung von Verlagsrechten überhaupt nur dann Anwendung, wenn die Verlagsrechte gemeinsam mit den Beständen der betreffenden Verlagserscheinungen als Gegenstände des Umlaufvermögens bilanziert werden. Hier werden etwaige Aufwendungen für die Rechte — z. B. Fixpreise, Honorare usw. — den Herstellkosten der Bestände hinzugerechnet, wobei es sich jedoch dann nicht um „Herstellkosten" der Verlagsrechte handelt. In bestimmten Fällen erscheint es darüber hinaus richtiger, die Herstellkosten der Bestände (z. B. Noten) den Anschaffungskosten des Verlagsrechtes zuzurechnen und diese als Position des Anlagevermögens zu bilanzieren.

Auch der Börsen- oder Marktpreis spielt für die Bewertung von Verlagsrechten keine Rolle, da Verlagsrechte keine marktgängigen Waren sind. Sofern Verlagsrechte überhaupt als Gegenstände des Umlaufvermögens bilanziert werden, ist höchstens der Zeitwert der betreffenden Verlagsbestände von Interesse. Außerdem hat der Zeitwert in bezug auf die Bemessung von Abschreibungen auf Verlagsrechte — gleich welcher Art — eine nicht unerhebliche Bedeutung, weshalb hierauf noch näher einzugehen sein wird.

Somit stehen als Maßstab für die Bewertung von Verlagsrechten allein die Anschaffungskosten zur Verfügung. Hierbei ist es gleichgültig, ob das Verlagsrecht von Dritten erworben oder in der Unternehmung originär entstanden ist. Wesentliche Unterschiede bestehen nur hinsichtlich der Abgrenzung und in bezug auf die Natur der Kosten. Bei der originären Entstehung des Verlagsrechtes handelt es sich um Kosten, die im Betrieb der Verlagsunternehmung selbst oder im Zusammenhang damit aufgewendet werden, während die Kosten des Erwerbes von Dritten durch den Kaufpreis — einschließlich der Nebenkosten — bestimmt sind, wobei allerdings zahlreiche Variationen hinsichtlich der Form des Kaufpreises möglich sind.

3. Das Prinzip der periodengerechten Erfolgsermittlung

Der vielleicht wichtigste handelsrechtliche Bewertungsgrundsatz ist das Prinzip der Erfolgsermittlung. Dieser Grundsatz hat sowohl gesamtwirtschaftliche als auch eigenbetriebliche Bedeutung. Gesamtwirtschaftlich gesehen ist die sich aus dem Erfolg ergebende Rentabilität als Funktion für die Kapitalleitung von großer Wichtigkeit. Da es sich bei den Ziffern des Jahresabschlusses jedoch um Vergangenheitswerte handelt, kann lediglich die gegenwärtige Rentabilität aufgezeigt werden, die aber für die zukünftige Rentabilität als Erfahrungsbasis dienen kann. Hierbei unterliegen die Vorausschätzungen der zukünftigen Rentabilität insofern einer Beeinträchtigung als der Erfolg der abgelaufenen Periode und damit die gegenwärtige Rentabilität durch das Legen oder die Auflösung stiller Reserven in nicht unerheblichem Umfange verschleiert sein können.

Die eigenbetriebliche Bedeutung des Erfolgsermittlungsprinzips hat zwei Seiten. Die eine wird durch die Rechenschaftslegung für die Vergangenheit gekennzeichnet. Zum anderen dient die Ermittlung des Erfolges und der Rentabilität als Dispositionsgrundlage für die Zukunft, die es ermöglichen soll, Chancen und Risiko der betrieblichen Planung miteinander abzuwägen.

Das Prinzip der Erfolgsermittlung umschließt auch den Begriff des periodengerechten Erfolges. Es geht also nicht um die Ermittlung des Erfolges schlechthin, sondern der erzielte Erfolg soll einer bestimmten Periode zugeordnet werden. Die Zurechnung von Aufwands- und Ertragsposten zu einer bestimmten Periode erfolgt in der Weise, daß die

umsatz- bzw. leistungsbezogen verwirklichten Aufwendungen und Erträge in die Gewinn- und Verlustrechnung eingestellt werden, während
noch nicht endgültig zu verrechnende Posten, die zu späteren Perioden
gehören, in der Bilanz ausgewiesen werden. Als Mittel der Periodisierung dienen hierbei insbesondere auch die Posten der Rechnungsabgrenzung, wobei jedoch Schätzungen nicht immer vermieden und willkürliche Gewinnanpassungen nicht ganz ausgeschlossen werden können.
„In dieser zentralen Funktion der Bilanz für die materielle Abgrenzung
zweier Rechnungsperioden liegt das Bewertungsproblem der Bilanz ein-
geschlossen".[5]

Im Zusammenhang mit der Bewertung von Verlagsrechten wird dieser Bewertungsgrundsatz — die periodengerechte Erfolgsermittlung —
sehr häufig durchbrochen. Die Einführungskosten einer Verlagserscheinung, insbesondere einer Zeitung oder einer Zeitschrift, wirken sich,
sofern die betreffende Verlagserscheinung die Anfangsschwierigkeiten
überlebt, immer auf längere Zeit aus. Der durch die Einführungskosten
begründete Verlagswert findet seinen Niederschlag in der Ertragskraft
der Verlagserscheinung und wird erst im Laufe der Jahre realisiert. Der
Umsatz der durch die Aufwendungen bewirkten Leistung erfolgt demnach erst in späteren Perioden, weshalb der Einführungsaufwand auch
nicht als Kosten der Periode, in der er anfällt, anzusehen ist. Die Aufwendungen für die Einführung einer Zeitung oder Zeitschrift müssen
entsprechend dem Prinzip der Periodisierung in der Bilanz aktiviert
werden. Die Praxis hält sich jedoch sehr häufig nicht an diesen Bewertungsgrundsatz, weil sie ihn einerseits in seiner Konsequenz für den Einführungsaufwand nicht klar genug erkannt hat, und zum anderen deshalb, weil seine Durchführung ein gewisses Risiko beinhaltet, auf das
an anderer Stelle noch eingegangen werden wird. Außerdem haben Verlagsunternehmungen, die bereits mit Gewinn arbeiten, das Bestreben,
Steuerersparnisse bzw. eine Aufschiebung der Steuern zu erzielen, so
daß schon aus diesem Grunde der Aufwand meist der Periode seiner
Entstehung zugerechnet wird.

Auch bei anderen Verlagsrechten — an nicht periodischen Werken —
ist das Prinzip der Periodisierung von Bedeutung, wenn es auch hier
in noch viel geringerem Umfange Anwendung findet. Gemeint sind
hierbei vor allen Dingen Musikverlagsrechte. Wie bereits ausgeführt
wurde, werden für diese Rechte Aufwendungen (Komponistenhonorare,
Musikergagen, Herstellkosten für Noten usw.) gemacht, die in keiner
Beziehung zu den Erträgen des Jahres stehen, in dem sie anfallen. Ihre
Realisation finden sie vielmehr erst später in den dem Musikverleger
zufließenden Gema-Anteilen, die häufig auf viele Jahre hinaus anfallen.
Ähnlich verhält es sich mit Verlagswerten, die durch die Einführung

---

[5] ADS, a. a. O., Tz 41 zu § 129.

einer Bücherserie wie beispielsweise die „Uhlen-Bücherei" des Ullstein-Verlages begründet werden. Hierbei ist jedoch die Trennung des Wertes für das einzelne Verlagsrecht und dem Verlagswert der Reihe sowie den Firmenverlagswert derart schwierig und nur durch Schätzungen zu ermitteln, daß man besser ganz darauf verzichtet.

Abschließend hierzu sei noch darauf hingewiesen, daß in der Praxis und in der Literatur vielfach die Ansicht vertreten wird, daß Verlagsrechte im engeren Sinne nur dann als gesonderte Vermögensgegenstände zu aktivieren sind, wenn sie von anderen Verlegern gegen die Gewährung eines Kaufpreises erworben worden sind, während Autorenhonorare — gleichgültig ob feste oder bewegliche — als Gewinnanteile anzusehen sind. Dieser Ansicht kann insofern nicht beigepflichtet werden, als feste Honorare, die für mehrere oder alle möglichen Auflagen gewährt werden, nach dem Grundsatz der Periodisierung als Anschaffungskosten des Verlagsrechtes aktiviert werden müssen. Im übrigen sind feste Honorare für eine einmalige Auflage nicht als Gewinnanteile, sondern als Herstellkosten der Bestände anzusehen.

4. Das Prinzip der Vorsicht

Das Prinzip der periodengerechten Erfolgsermittlung wird in der Praxis überschattet von dem Grundsatz der Vorsicht. Der bilanzierende Kaufmann ist in der Regel bemüht, den Erfolg einer Periode nicht zu günstig auszuweisen, und steuert deshalb das Ergebnis durch das Legen oder die Auflösung stiller Reserven. Anlaß hierfür ist einmal die Tatsache, daß der ausgewiesene Gewinn meist ausgeschüttet und versteuert werden muß. Daneben erhöhen stille Reserven die Krisenfestigkeit, ermöglichen Dividendenstabilität und erleichtern die Bewertung. (Krisenfestigkeit und Dividendenstabilität können aber auch durch offene Reserven erreicht werden.) Anderseits verliert der ermittelte Reingewinn durch stille Reserven seine Maßstäblichkeit. Außerdem ermöglichen sie Verlustverschleierungen und können zu Fehlinvestitionen sowie zu betrieblich nicht gerechtfertigten Preisunterbietungen führen. Die Legung stiller Reserven ist daher in der betriebswirtschaftlichen Theorie sehr umstritten und sollte zur Einhaltung des Grundsatzes der Bilanzwahrheit auch nur im beschränkten Umfange vorgenommen werden. Vor allem aber sollte in jedem Fall die Auflösung stiller Reserven kenntlich gemacht werden.

Das Handelsrecht und insbesondere auch das Aktiengesetz gewähren dem Bilanzgrundsatz der Vorsicht weiten Spielraum, wenn auch bestimmte Formen der Bildung stiller Reserven — Weglassen von Aktiven, Einsetzung fiktiver Kreditoren u. a. — gesetzlich verboten sind. Nach den Bewertungsrichtlinien des Aktiengesetzes unterscheidet man unwillkürlich und willkürlich gelegte stille Reserven. Die unwillkürlich oder auch zwangsweise gelegten stillen Reserven werden durch die

Höchstwerte des Aktiengesetzes bedingt, die nach dem Realisationsprinzip auch dann nicht überschritten werden dürfen, wenn der Marktzeitwert über diesen Höchstwerten liegt. Willkürliche stille Reserven
ermöglicht das Aktiengesetz insofern, als es in seinen Bewertungsvorschriften nur Höchstwerte festlegt, während der Unterbewertung
der Aktiva bis zu Merkposten gesetzlich keine Grenze gesetzt ist.
Analog hierzu gelten für die Schuldwerte in der Bilanz Mindestwerte,
deren Überschreitung nicht verboten ist. Diese Vorschriften, die Ver-
stöße gegen die Bilanzwahrheit in gewissem Umfange gesetzlich
sanktionieren, dienen dem Gläubigerschutz und sind nur aus diesem
Gedanken heraus zu verstehen. Dennoch müssen aus der Erwägung
des rechtschaffen bilanzierenden Kaufmannes heraus der Legung stiller
Reserven Grenzen gesetzt werden, zumal die Bilanz ja nicht nur den
Interessen der Gläubiger dienen soll.

Der Grundsatz der Vorsicht kommt in den aktienrechtlichen Bewertungsbestimmungen außerdem auch im Realisationsprinzip, d. h. in
dem Aktivierungsverbot noch nicht realisierter Gewinne zum Ausdruck. Danach dürfen Werterhöhungen gleich welcher Art (z. B. Kurs-
gewinne) erst dann im Jahresabschluß ausgewiesen werden, wenn sie
realisiert sind, also wenn sie durch Veräußerung der betreffenden
Vermögensgegenstände effektiv verwirklicht worden sind. Umgekehrt
müssen nach dem Grundsatz der Vorsicht eingetretene aber noch nicht
realisierte Verluste berücksichtigt werden. Dies gilt insbesondere für
diejenigen Vermögensgegenstände, die in dem Umsatzprozeß des
Betriebes einbezogen sind (Umlaufvermögen). Diese Gegenstände
müssen nach dem Niederstwertprinzip bewertet werden. Die Höchstgrenze ihres Wertansatzes ist jeweils der niedrigere Anschaffungswert,
Börsen- oder Marktpreis oder der Zeitwert. Hierdurch werden erkenn-
bare Verluste bereits zum Stichtag der Bilanzaufstellung berücksichtigt.

Das Niederstwertprinzip findet bei der Bewertung von Verlagsrechten nur im beschränkten Umfange Anwendung, da die Verlagsrechte in der Regel zum Anlagevermögen gehören. Lediglich Verlagsrechte an Beiträgen sind immer eine Position des Umlaufvermögens.
Daneben werden in der Praxis aus Vereinfachungsgründen häufig auch
Buchverlagsrechte und ähnliche — auf die Besonderheiten der Musikverlagsrechte wurde bereits hingewiesen — dem Umlaufvermögen
zugeordnet. Hierbei erfolgt der Ausweis jedoch nicht als „Verlagsrecht", sondern gemeinsam mit den Beständen der betreffenden Verlagserscheinung. Das Bewertungsproblem des Verlagsrechtes deckt sich
dann mit dem der Bestände; wie bei allen anderen Gegenständen des
Umlaufvermögens erfolgt die Bewertung in diesem Fall nach dem
Niederstwertprinzip, d. h. zu Herstellkosten bzw. zum niedrigeren Zeitwert. Zu den Herstellkosten rechnen dann auch die Erwerbskosten

des Verlagsrechtes, was auch nicht zu beanstanden ist, wenn der Erwerbspreis für eine bestimmte Auflage gezahlt worden ist. Die Praxis ist darüber hinaus meist bemüht, auch die Erwerbskosten des Verlagsrechtes für alle weiteren Auflagen den Herstellkosten der ersten Auflage hinzuzurechnen, da es häufig ungewiß ist, ob und wann weitere Auflagen verlegt werden können,[6] zumal auch das Verlagsrecht der ersten Auflage an Wert verliert, wenn diese nicht abgesetzt werden kann. Diese Handhabung verstößt zwar gegen den Grundsatz der Periodisierung, erscheint aber nach dem Gebot der Vorsicht und besonders auch im Hinblick auf den meist geringen Wert des Verlagsrechtes gegenüber dem Sachwert der Verlagsbestände gerechtfertigt

Der Grundsatz der Vorsicht kommt bei der Bewertung von Verlagsrechten oft noch in anderer Hinsicht zum Ausdruck, und zwar bei der Behandlung des Einführungsaufwandes einer Zeitung oder einer sonstigen periodischen Verlagserscheinung. Der für die Einführung einer derartigen Verlagserscheinung erforderliche Aufwand, dem besonders im ersten Jahr des Erscheinens oft kein entsprechender Ertragsposten gegenübersteht, verteilt sich in der Regel auf mehrere Jahre. Sofern die Verlagserscheinung einschlägt und somit den Erwartungen des Verlegers entspricht, wird der durch den Einführungsaufwand begründete Verlagswert im Laufe der Jahre realisiert. Ist dies jedoch nicht der Fall, und eine große Zahl von Zeitungen und Zeitschriften überdauert die Anfangsschwierigkeiten der Neueinführung nicht, so steht den anfänglichen Aufwendungen kein späterer Ertrag gegenüber. Es handelt sich in diesem Fall um einen negativen Verlagswert, der jedoch, wenn der Einführungsaufwand aktiviert ist, auf der Aktivseite der Bilanz steht und abgeschrieben werden muß. Um den bei der Bemessung der Abschreibung auf dem Verlagswert auftretenden Schwierigkeiten aus dem Wege zu gehen, zieht es die Praxis häufig vor, derartige Aufwendungen von Anfang an als Kosten der betreffenden Periode zu behandeln. Diese Handhabung ist handelsrechtlich gerechtfertigt, da diese Aufwendungen zwar aktivierungsfähig nicht aber aktivierungspflichtig sind. Sie entspricht darüber hinaus auch dem Grundsatz der Vorsicht, nicht jedoch dem der Periodisierung. Betriebswirtschaftlich gesehen aber ist dem Prinzip der Periodisierung unbedingt der Vorzug zu geben, zumal der Vorsicht auch durch eine entsprechende Bemessung der Abschreibung auf den erst mal aktivierten Verlagswert Genüge getan werden kann.

5. Abschreibungsgrundsätze

Die oben im einzelnen erläuterten Wertmaßstäbe haben nach den aktienrechtlichen Bewertungsvorschriften (§ 133) keine unabdingbare

---

[6] Dahmann, a. a. O., S. 474.

Gültigkeit als Höchstwerte. Ihre Maßstäblichkeit wird beeinträchtigt durch die Voraussetzung, daß Wertverluste oder Wertminderungen bei Gegenständen des Anlagevermögens durch angemessene Abschreibungen bzw. Wertberichtigungen Berücksichtigung finden. Das bedeutet, daß die Wertmaßstäbe des Aktiengesetzes nur dann als Höchstwerte Geltung haben, wenn die betreffenden Gegenstände keinem Verschleiß unterliegen und auch sonst aus Gründen ordnungsgemäßer Bilanzierung keine Abschreibungen erforderlich sind. In der Regel ist dies jedoch bei der Mehrzahl aller Gegenstände des Anlagevermögens der Fall. Das Aktiengesetz macht hierbei einen Unterschied zwischen Verschleißanlagen, d. h. Gegenständen, die der technischen Abnutzung unterliegen — z. B. Maschinen und Gebäude —, und Anlagegegenständen, bei denen die Berichtigung des Wertansatzes nach den Grundsätzen ordnungsgemäßer Buchführung erforderlich ist. Zu letzteren gehören neben Beteiligungen sowie Kozessionen, Patenten, Lizenzen, Marken und ähnlichen Rechten auch die Verlagsrechte in engerem Sinne und die Verlagswerte.

Ein grundsätzlicher Unterschied zwischen diesen beiden Gruppen von Anlagegegenständen hinsichtlich ihrer Abschreibung oder Wertberichtigung besteht nicht. Lediglich in bezug auf die Abschreibungsmethoden dürften gewisse Abweichungen bestehen. Bei Verschleißanlagen steht die technische Abnutzung und damit die technische Lebensdauer im Vordergrund, während die wirtschaftliche Entwertung an zweiter Stelle steht und in der Regel durch Sonderabschreibungen Berücksichtigung findet. Die Bemessung der Abschreibung ist unterschiedlich — steigende, fallende oder schwankende (auf die Leistung bezogene) Sätze —. Die Abschreibung der nicht dem Verschleiß unterliegenden Anlagegegenstände erfolgt nach ihrer voraussichtlichen wirtschaftlichen Lebensdauer, wobei der Grundsatz der Vorsicht besondere Beachtung findet, da der Wert dieser Gegenstände mit einem stärkeren Risiko behaftet ist als der von Sachanlagen. Deshalb werden derartige Werte meist in fünf Jahren abgeschrieben, obwohl die Laufzeit der hierzu gehörenden Rechte — Patente 18 Jahre, Urheberrechte 30 Jahre — meist viel länger ist.[7]

Neben diesen beiden Abschreibungsarten prägt das Aktiengesetz noch den Begriff der Tilgung von Werten durch angemessene jährliche Abschreibungen. Dieser Begriff findet Anwendung auf die aktivierten Kosten der Gründung und der Kapitalbeschaffung sowie auf die Gegenleistung für einen übernommenen Geschäfts- oder Firmenwert. Derartige Werte sind nach der bindenden Vorschrift des Gesetzes auf jeden Fall ohne Rücksicht auf eine etwaige wirtschaftliche Entwertung abzuschreiben. Das bedeutet, daß hierauf auch dann Abschreibungen

---

[7] ADS, a. a. O., Tz 85 u. 87 zu § 133.

vorzunehmen sind, wenn beispielsweise der Firmenwert nicht gesunken, sondern sogar noch gestiegen ist. Was jedoch bei der Bemessung der Abschreibung als angemessen anzusehen ist, wird vom Gesetzgeber nicht definiert. Adler-Düring-Schmaltz sind der Ansicht, daß Organisationskosten wie immaterielle Rechte mindestens in 5 Jahren abzuschreiben sind, während sie für den Firmenwert keine allgemeingültigen Regeln aufzustellen vermögen[8].

Die Verlagsrechte im engeren Sinne sind, sofern sie überhaupt als Gegenstände des Anlagevermögens bilanziert werden, den übrigen immateriellen Güterrechten gleichzusetzen. Es empfiehlt sich daher für diese Rechte eine Abschreibung innerhalb von nicht mehr als 5 Jahren. Darüber hinaus muß gegebenenfalls eine wirtschaftliche Entwertung — z. B. Geschmackswechsel beim Publikum — durch Vornahme von Sonderabschreibungen Berücksichtigung finden. Werden diese Rechte gemeinsam mit den betreffenden Verlagsbeständen als Gegenstände des Umlaufvermögens bilanziert, so erfolgt die Bewertung nach dem Niederstwertprinzip. Da ein Börsen- oder Marktpreis für Verlagserzeugnisse nicht vorliegt, muß die Bemessung der Abschreibung nach Maßgabe des Zeitwertes erfolgen.

Verlagswerte gehören jedoch nicht zu den Rechten gem. § 131 AII5 und haben auch nicht wie diese eine begrenzte rechtliche Laufzeit. Es bleibt deshalb nur wie beim Firmenwert oder bei den Kosten der Betriebseinrichtung die Möglichkeit, ohne Rücksicht auf den inneren Wert und die voraussichtliche Nutzungsdauer zwingend jährlich einen bestimmten Abschreibungsbetrag abzusetzen oder aber auf regelmäßige Abschreibungen überhaupt zu verzichten. Tatsächlich werden in der Praxis Regelabschreibungen auf Verlagswerte häufig nicht vorgenommen, zumal auch das Steuerrecht solche ablehnt. Für die Handelsbilanz kann aber die Ablehnung der Abschreibung durch das Steuerrecht keine Begründung sein. Die Verlagswerte besitzen sehr häufig einen hohen Buchwert und unterliegen mitunter einer schnellen und unvorherzusehenen Entwertung. Um das hieraus resultierende Risiko zu vermindern, erscheint nach den Grundsätzen einer ordnungsgemäßen und vorsichtigen Bilanzierung die Vornahme von Regelabschreibungen auf diese Werte unbedingt geboten. Für die Bemessung der Abschreibungen sind die voraussichtliche Lebensdauer der Rechte und das damit verbundene Risiko die wichtigsten Bestimmungsfaktoren. Diese Regelabschreibungen müssen gegebenenfalls durch Sonderabschreibungen zur Anpassung an den Zeitwert ergänzt werden. Letzteres hat den Vorteil, daß die Abschreibungen auch steuerlich erkannt werden, da beim Absinken des Zeitwertes eine effektive Wertminderung des betreffenden Verlagsrechtes eingetreten ist.

---

[8] ADS, a. a. O., Tz 68 zu § 133.

6. Die steuerliche Bewertung von Verlagsrechten

Die ertragssteuerliche Bewertung der Verlagsrechte im engeren Sinne ist verhältnismäßig klar und eindeutig. Als immaterielle Güter werden sie nach § 6 Ziff. 2 EStG zu Anschaffungskosten bewertet. Hierbei besteht in der Literatur zum EStG mit den Gepflogenheiten der Praxis insofern Übereinstimmung, als „das Verlagsrecht nur dann zu aktivieren ist, wenn für den Erwerb mehr bezahlt wird als das Verfasserhonorar, das auf die Herstellungskosten einer Auflage entfällt."[9] Wird der Erwerbspreis dagegen nur für eine Auflage gezahlt, so bildet die Vergütung einen Teil der Herstellkosten[10]. In diesem Fall findet der Erwerbspreis seinen Niederschlag im Wertansatz der Verlagsbestände. Diese Bewertungsrichtlinien finden nur dann Anwendung, wenn der Erwerbspreis bereits fixiert ist; da entsprechend den handelsrechtlichen Bestimmungen zu den Anschaffungskosten nur die tatsächlich gemachten Aufwendungen gehören. Bei der Abgeltung des Kaufpreises in Form einer Umsatz- oder Gewinnbeteiligung darf also auch steuerlich eine Aktivierung des Verlagsrechtes nur mit Merkposten erfolgen. Eine Einbeziehung des Teiles der Erwerbskosten des Verlagsrechtes, der auf spätere Auflagen entfällt, in die Herstellkosten der ersten Auflage wird dagegen steuerlich kaum zu beanstanden sein, da dies ja auch handelsrechtlich vertretbar ist, sofern erfahrungsgemäß damit zu rechnen ist, daß nur eine Auflage gedruckt wird.

Hinsichtlich der Bewertung von Verlagswerten, der Verlagsrechte im weiteren Sinne, ist die steuerliche Situation nicht so eindeutig, da auch die Steuergesetzgebung hierauf nicht im einzelnen eingeht, weshalb in der Praxis eine erhebliche Unsicherheit in der steuerlichen Behandlung dieser Werte besteht. Dies gilt insbesondere für originär entstandene Verlagswerte, während bei käuflich erworbenen Verlagswerten die Lage nicht so kompliziert ist. Letztere werden immer, ganz gleich unter welchen Gesichtspunkten, höchstens zu Anschaffungskosten bewertet, und zwar auch dann, wenn man diese Rechte, wie das vielfach geschieht, als Firmenwert ansieht. Insofern decken sich die diesbezüglichen Bewertungsvorschriften für Rechte und für den Firmenwert. Eine unterschiedliche Behandlung kann hier nur im Zusammenhang mit etwa erforderlichen Abschreibungen eintreten, worauf im einzelnen noch einzugehen sein wird. Bei originär geschaffenen Wirtschaftsgütern weichen die Bewertungsrichtlinien von den für den Firmenwert geltenden jedoch erheblich ab.

Die Unsicherheit in der Bewertung von Verlagswerten resultiert deshalb insbesondere aus der Tatsache, daß der Verlagswert vielfach dem

---

[9] Kummer, „Der Betriebsbestehenswert unter besonderer Berücksichtigung des Verlagswertes und des Verlagsrechtes", in DStZ Nr. 4, vom 28. 1. 1939, Seite 93.

[10] Blümich-Falk, Einkommensteuergesetze, Anm. 20 zu § 5, S. 209 ff.

Firmenverlagswert gleichgesetzt wird. Wäre dies richtig, so müßten für die steuerliche Bewertung dieser Verlagsrechte (an periodischen Sammelwerken) die für den Firmenwert oder — wie er steuerlich vielfach bezeichnet wird — Betriebsbestehenswert geltenden Bewertungsvorschriften Anwendung finden. Demnach dürfte ein originär entstandener Verlagswert in der Steuerbilanz nicht aktiviert werden, da auch ein originär entstandener Firmenwert nicht aktiviert werden darf[11]. Es wurde bereits weiter oben auf die hierfür und dagegensprechenden Argumente näher eingegangen[12]. Es sei jedoch nochmals betont, daß nach der Rechtsprechung des Reichsfinanzhofes der Verlagswert ein selbständiges Wirtschaftsgut ist, das mit dem Betriebsbestehenswert einer Verlagsunternehmung — dem Firmenverlagswert —, der aus unveräußerlichen ideellen Werten besteht, nichts zu tun hat.

Es hat den Anschein, daß die sich zum Teil erheblich widersprechenden Ansichten über die Bewertung von Verlagsrechten, sei es nun steuerlich oder handelsrechtlich, nur darauf beruhen, daß der Begriff „Verlagswert" unterschiedlich gedeutet wird. Kummer[13] z. B. setzt zwar den Verlagswert dem Betriebsbestehenswert gleich, erkennt aber an, daß unter bestimmten Voraussetzungen, nämlich wenn Aufwendungen hierfür gemacht werden, eine Aktivierung des originär geschaffenen Verlagswertes geboten erscheint. Insbesondere gelte das für Zeitungs- oder Zeitschriftentitel. Im übrigen fordert er, daß „wenn für ein Zeitungsunternehmen mehr gezahlt wird als dem Wert der vorhandenen greifbaren Sachen und Rechte entspricht, der Mehrbetrag nicht als Betriebsbestehenswert zu verbuchen, sondern als Verlagswerte auf die erworbenen Zeitungen und Zeitschriften angemessen zu verteilen sei". Diese Darstellung ist ein Widerspruch in sich, denn entweder sieht man in dem Verlagswert den Betriebsbestehenswert einer Unternehmung, dann ist er bei derivativem Erwerb als solcher zu verbuchen, oder aber der Verlagswert ist ein besonderes Wirtschaftsgut und deshalb gesondert zu behandeln.

Auch Blümich-Falk[14] lassen es in ihren Ausführungen über die Verlagsrechte an der gebotenen eindeutigen Definition fehlen. Sie bezeichnen es als ungenau, wenn ein Mehrbetrag — wie oben dargestellt wurde — als „Verlagsrecht" aktiviert wird; es handle sich vielmehr um den Geschäftswert, also um den Verlagswert. Die Erwerbskosten eines Zeitungs- oder Zeitschriftentitels müßten dagegen gesondert aktiviert werden. Diese Auslegung ist ebenfalls ungenau. Wenn man wie Blümich-Falk, Kummer und andere den Betriebsbestehens- oder Firmenwert überhaupt mit dem Begriff „Verlagswert" in Verbindung bringt,

---

[11] Brönner, a. a. O., S. 471.
[12] Abschnitt B III 2.
[13] Kummer, a. a. O., S. 93.
[14] Blümich-Falk, a. a. O., Tz. 20 zu § 5, S. 210.

sollte man ihn deutlich von anderen Werten unterscheiden, wie das
durch die Bezeichnung Firmenverlagswert geschieht. Ein Zeitungs- oder
Zeitschriftentitel birgt aber für sich allein meist gar keinen Wert, sondern ist, wie Blümich-Falk richtig ausführen, das Recht, unter diesem
Namen eine Zeitung oder Zeitschrift herauszugeben. Mit diesem Recht
auf das engste verbunden und deshalb nicht davon zu trennen sind der
Kundschaftswert, der Organisationswert und vor allem der Wert der
durch eine Idee geweckten Nachfrage nach einer bestimmten Verlagserscheinung. Durch die Verbindung dieser Faktoren wird der Titel erst
zu einem besonderen Wirtschaftsgut, das sowohl in der Praxis als auch
in der Literatur als „Verlagsrecht" oder zur besseren Unterscheidung
von den Verlagsrechten im Sinne des Verlagsgesetzes als „Verlagswert"
bezeichnet wird.

Die so definiert und umrissenen Verlagswerte sind selbständige Wirtschaftsgüter, die im Falle des käuflichen Erwerbes als auch dann, wenn
sie in der Unternehmung selbst entstanden sind bzw. geschaffen wurden, nach § 6 Ziff. 2 EStG zu bewerten sind. Bewertungsmaßstab hierfür sind die Anschaffungskosten, also der Erwerbspreis zuzüglich der
Erwerbsnebenkosten, oder aber die Einführungskosten. Die Bewer-
tungsfähigkeit und Bewertungspflicht käuflich erworbener Verlagswerte ist eindeutig; für die originär geschaffenen Verlagswerte ergeben
sie sich aus den handelsrechtlichen Grundsätzen sowie aus verschiedenen Entscheidungen des Reichsfinanzhofes. So z. B. aus dem Urteil vom
17. Juli 1930[15], nach dem die Verlagswerte insbesondere dann bewer-
tungsfähig und -pflichtig sind, wenn sich eine entsprechende Verkehrsauffassung gebildet hat oder wenn sie entgeltlich erworben oder durch
Aufwendungen als Wirtschaftsgüter anerkannt sind. Daß dies nach der
Verkehrsauffassung der Fall ist, ergibt sich aus den Bilanzen zahlreicher
Verlagsunternehmen und aus der Tatsache, daß für die Übernahme derartiger Rechte regelmäßig ein beträchtlicher Kaufpreis gezahlt wird.
Daß im Zusammenhang mit der Entstehung eines Verlagswertes in der
betreffenden Verlagsunternehmung Aufwendungen gemacht werden,
beweisen die mitunter recht erheblichen Einführungskosten. Im übrigen
ergeben sich für die steuerliche Abgrenzung der Einführungskosten die
gleichen Schwierigkeiten wie bei der handelsrechtlichen Bewertung.
Einen gewissen Anhaltspunkt gibt die Rechtsprechung über die Aktivierung von Aufwendungen für Werbungszwecke. In dem Urteil vom
26. September 1939 hat der Reichsfinanzhof die Auffassung vertreten,
daß Aufwendungen für Werbung dann zu aktivieren seien, wenn ein
bestimmter Artikel neueingeführt wird und die Aussicht besteht, daß
dieser Artikel für einige Zeit abgesetzt werden kann[16]. Demnach sind

---

[15] RStBl 1930, Nr. 822, S. 616.
[16] Zitiert aus: Lenski, Fachgutachten über originär entstandene Geschäftswerte, Der Betriebsberater, Heft 34 vom 10. Dezember 1955, S. 1086.

als Anschaffungskosten originär entstandener Verlagswerte alle diejenigen Aufwendungen anzusehen, die der Einführung und Verbreitung
der betreffenden Verlagserscheinung dienen, wozu insbesondere alle
einmaligen Sonderaufwendungen gehören. Schließlich sei in diesem Zusammenhang noch darauf hingewiesen, daß das Argument gegen die
Aktivierung von Einführungskosten, die Ungewißheit einer zukünftigen
Kostendeckung, das schon handelsrechtlich nicht in vollem Umfang anerkannt werden kann, steuerlich unbedingt abzulehnen ist, weil „steuerlich die Grundregel besteht, daß alle Aufwendungen auf ein Wirtschaftsgut, das dem Betrieb Nutzen bringen soll, für eine ordnungs-
gemäße Ermittlung des Betriebserfolges der einzelnen Jahre zu aktivieren sind"[17].

In bezug auf Abschreibungen kennt das Steuerrecht zwei Methoden,
die sich grundsätzlich voneinander unterscheiden. Die eine ist die sogenannte Absetzung für Abnutzung (Afa) nach § 7 EStG, die nur für
der Abnutzung unterliegende Wirtschaftsgüter Anwendung findet.
Hierzu gehören besonders Verschleißanlagen, wie Maschinen, Gebäude
usw., aber auch immaterielle Güter, wie Patente und Verlagsrechte im
engeren Sinne. Voraussetzung hierfür ist, daß sich die Nutzung der betreffenden Wirtschaftsgüter erfahrungsgemäß auf mehr als ein Jahr
erstreckt und daß eine technische oder wirtschaftliche Abnutzung tatsächlich eintritt, wobei auch außergewöhnliche Umstände Berücksichtigung finden dürfen. Bei Buchverlagsrechten und ähnlichen ist die wirtschaftliche Abnutzung gegeben, wenn bekannt oder zu vermuten ist,
daß die restlichen oder weiteren Auflagen nicht mehr abgesetzt werden
können. Maßgebliche Faktoren sind hierbei ebenso wie bei der handelsrechtlichen Abschreibung auf diese Rechte der Wechsel im Geschmack
der Leser sowie die Gefahr der Überholung des betreffenden Werkes.

Die zweite steuerliche Abschreibungsmethode, die jedoch keine Regelmäßigkeit birgt, ist das Heruntersetzen der Bilanzwerte auf den steuerlichen Teilwert. Diese Form der Abschreibung ist grundsätzlich bei allen
der Unternehmung dienenden Wirtschaftsgütern erlaubt. Sie findet aber
hauptsächlich bei Wirtschaftsgütern Anwendung, die einer Absetzung
für Abnutzung nicht unterliegen, wie beispielsweise Warenbestände,
Firmenwerte und auch Verlagswerte. Für die Verlagswerte hat der
Reichsfinanzhof die Möglichkeit der Regelabschreibung (Absetzung für
Abnutzung) grundsätzlich verneint[18]. Er setzt die Verlagswerte hinsichtlich der Abschreibung dem Geschäfts- oder Firmenwert gleich. Dieser
darf steuerlich nur abgeschrieben werden, wenn er tatsächlich im Wert
gesunken ist, d. h. wenn der Teilwert niedriger als die Anschaffungskosten ist. Die Begründung hierfür ist die Tatsache, daß sich der Ge-

---

17 Erhard im Zusammenhang mit betrieblichen Versuchs- und Entwicklungskosten in: Der Betriebs-Berater 1955, Nr. 51 S. 991.
18 RFH v. 18. Nov. 1937, VI 651/37 RStBl 1938, S. 133.

schäftswert und ebenso die Verlagswerte nicht mit einer gewissen Regelmäßigkeit erschöpfen oder abnutzen. Die Verlagswerte insbesondere sind in der Regel nicht dazu bestimmt, veräußert zu werden, sondern sollen der betreffenden Unternehmung längere und unbestimmte Zeit dienen. Ihr steuerlicher Teilwert läßt sich daher nur aus dem Gesamtwert der Unternehmung ableiten. Bemessungsgrundlage hierfür sind ähnlich wie bei Wertpapieren, deren Wert sich nicht aus Verkäufen ableiten läßt, die zukünftigen Ertragschancen unter Berücksichtigung des Gesamtvermögens[19]. Für Verlagswerte bedeutet dies, daß nicht etwa der gesamte Ertrag der Verlagsunternehmung zugrunde gelegt werden darf, sondern nur der Teil des Ertrages, der sich der betreffenden Verlagserscheinung direkt zurechnen läßt. Es müssen also gegebenenfalls der Ertrag der persönlichen Arbeitskraft des Verlegers oder Herausgebers sowie der Ertrag sonstiger der Unternehmung dienender Werte, z. B. Verzinsung des investierten Kapitals, ausgegliedert werden.

7. Die Anwendung betriebswirtschaftlicher Wertmaßstäbe

Die betriebswirtschaftlichen Grundsätze, soweit sie sich auf das Bewertungsproblem in der Bilanz — d. h. insbesondere auf die periodengerechte Erfolgsermittlung — beziehen, wurden bereits im Zusammenhang mit den handelsrechtlichen und steuerlichen Bewertungsgrundsätzen dargestellt. Das eigentliche betriebswirtschaftliche Wertproblem ist aber, wie weiter oben schon angedeutet wurde, völlig anders gelagert. Die Zielsetzung und der Zweck der Bewertung im eigentlichen Sinne ist die Ermittlung des wirklichen Wertes, des Zeitwertes. Die Bewertung von Verlagsrechten für den Jahresabschluß einer Unternehmung ist mit dieser Wertermittlung engstens verknüpft. Einmal richtet sich das beim käuflichen Erwerb derartiger Rechte gezahlte Entgelt, die aktivierungsfähigen Anschaffungskosten, wenn nicht besondere Gründe für die Gewährung eines höheren Kaufpreises sprechen, nach dem Zeitwert. Zum anderen, und dies gilt vor allem in steuerlicher Hinsicht, sind etwaig erforderlich werdende Abschreibungen auf die Verlagsrechte nach Maßgabe ihres Zeitwertes zu bemessen. Als Zeitwert ist hier nicht der Wert nach § 40 HGB zu Grunde zu legen, der lediglich eine Zusammenfassung aller handelsrechtlich möglichen Wertansätze darstellt, sondern ein rein wirtschaftlicher Wert, welcher die Beziehung des Wirtschaftsgutes zum Markt entspricht. Der Zeitwert in diesem Sinne ist also keine bilanzielle Größe, sondern ein Marktwert, und zwar der gegenwärtig gültige, der Marktzeitwert[20].

Als Maßstäbe für die Bemessung des Marktzeitwertes stehen insbesondere zwei Beziehungsgrößen zur Verfügung. Diese sind der Sach-

---

[19] Vgl. § 13, 2 Satz 2 BewG.
[20] Mellerowicz, Allg., Bd. II, S. 80.

oder Substanzwert und der Nutz- bzw. Ertragswert. Beide sind betriebswirtschaftlich gesehen lediglich Hilfswerte, die deshalb zur Anwendung kommen, weil der Marktzeitwert, der dem erzielbaren Preis entspricht, meist nur geschätzt werden kann. Dies gilt in besonderem Maße hinsichtlich der Bewertung von immateriellen Wirtschaftsgütern wie die Verlagsrechte sowie für die Bewertung von Unternehmungen als Ganzes, da beide in der Regel keine marktgängigen Waren sind.

Der Sachwert ist begrifflich nicht etwa ein substanzgebundener Materialwert, sondern kennzeichnet die gegenwärtig in einem Wirtschaftsgut gebundene Kapitalmenge und wird bestimmt durch die Reproduktionskosten. Die Ermittlung der für den Erwerb oder die Schaffung eines Verlagsrechtes entstehenden Kosten ist — wie oben schon angedeutet und im folgenden noch im einzelnen erläutert werden wird — in der Mehrzahl der Fälle ein äußerst schwieriges Unterfangen. Buchverlags- und ähnliche Rechte werden meist gegen die Gewährung einer Umsatz- oder Gewinnbeteiligung erworben; die Erwerbskosten sind in diesem Fall eine unbekannte Größe und können unter Umständen sogar DM 0,— betragen. Hierbei wäre jedoch zu berücksichtigen, daß der Verleger durch den Abschluß des Verlagsvertrages gezwungen ist, das betreffende Werk zu vervielfältigen und zu verbreiten. Die hierdurch entstehende Kapitalbindung läßt sich auf Grund eines fachmännischen Urteils bestimmen. Völlig offen bleibt jedoch der Grundpreis des Verlagsrechtes, das Autorenhonorar. Anders gelagert ist das, wenn bereits im Verlagsvertrag ein fester Preis vereinbart wird, jedoch ist dies im Verlagsgewerbe wegen der ohnehin beträchtlichen Verlegerrisiken relativ selten.

Handelt es sich bei den Verlagsrechten um Verlagswerte, also um Rechte an periodischen Sammelwerken, wird die Ermittlung der Erwerbskosten noch schwieriger. Diese Rechte müssen, bevor sie überhaupt einem käuflichen Erwerb zugänglich sind, originär in einer Unternehmung entstanden sein. Auf die Schwierigkeiten bei der Feststellung dieser Kosten wird im nächsten Abschnitt näher eingegangen. Selbst wenn man unterstellt, daß die Erwerbs- oder Anschaffungskosten für die Verlagsrechte ermittelt werden können — und für die handelsrechtliche Bilanzierung dieser Rechte ist dies erforderlich und möglich —, hat man damit noch keine Grundlage für den Sachwert eines solchen Rechtes gefunden. Denn maßgebend hierfür sind nicht die Anschaffungs-, sondern die Reproduktionskosten als gegenwärtig gültiger Kostenwert. Da es sich aber bei den Verlagsrechten um monopolartige, nicht fungible Güter handelt, lassen sich diese noch viel schwieriger als die Anschaffungskosten ermitteln.

Die Schwierigkeiten bei der Bewertung allein vermögen aber noch nicht das Für und Wider einer theoretisch möglichen Bewertungsmethode zu begründen, wenn sie auch die Praxis von ihrer Anwendung

abhalten werden. Tatsächlich wird die Sachwertmethode im Verlagsgewerbe für die Bewertung von Verlagsrechten nicht angewendet. Bei
Buchverlagsrechten vor allem deshalb nicht, weil die Kapitalbindung in
den Rechten, relativ und absolut gesehen, in der Regel sehr gering ist;
der Sachwert der Buchbestände überwiegt hier bei weitem. Da jedoch
auch diese nur als Makulatur zu verwenden sind, wenn sie sich als nicht
absetzbar erweisen, können für die Beurteilung des Zeitwertes nur die
Ertragschancen herangezogen werden. In noch viel stärkerem Maße gilt
dies für die Verlagswerte. Die Begründung dieser Rechte macht zwar
einen erheblichen Kapitaleinsatz erforderlich, dennoch bildet auch hier
der Ertragswert die einzige vernünftige Bewertungsgrundlage. Es sei in
diesem Zusammenhang nochmals auf die bereits mehrfach zitierten Beispiele hingewiesen, wonach der bei der Veräußerung von Verlagswerten
erzielte Erlös die ursprünglichen Anschaffungskosten bei weitem überstieg. Das gleiche dürfte sich für die allerdings nur schwer ermittelbaren
Reproduktionskosten nachweisen lassen. Der die Anschaffungs- bzw. die
Reproduktionskosten übersteigende Erlös eines Verlagswertes ist die
Risikoprämie des Verlegers, der das Wagnis der meist nicht nur sehr
kostspieligen sondern häufig auch langwierigen Einführung der betreffenden Verlagserscheinung übernommen und die Bereitschaft gezeigt
hat, die oft hohen Anfangsverluste in Kauf zu nehmen. Die Kapitalbindung selbst — der Sachwert — hat gegenüber dem Risiko nur sekun-
däre Bedeutung. Für den Inhaber eines Verlagswertes aber findet die
Risikoprämie in dem nachhaltig erzielbaren Ertrag der eingeführten
Verlagserscheinung seinen Niederschlag, so daß schon deshalb nur der
Ertragswert die Grundlage für die Zeitwertermittlung sein kann.

Außerdem wird dies durch den Charakter der Verlagswerte bedingt,
die sich bekanntlich aus verschiedenen immateriellen und ideellen Werten zusammensetzen. Der hierzu gehörende Kundschaftswert zum Beispiel kann nur durch die mit ihm verbundenen Ertragsaussichten bestimmt werden, nicht aber durch die zweifellos auch für ihn erforderliche Kapitalbindung. Das gleiche gilt für die Nachfrage, die auf der
Schlagkraft der der Verlagserscheinung zugrundeliegenden Ideen beruht und deren Wert nur an Hand des hieraus resultierenden Ertrages
ermittelt werden kann.

Aus den gleichen Gründen, aus denen der Sachwert als Grundlage der
Zeitwertbestimmung für Verlagsrechte abgelehnt wird, muß er als
Korrekturfaktor für den Ertragswert abgelehnt werden. Es bleibt also
allein der Ertragswert als Maßstab für die betriebswirtschaftliche Bewertung von Verlagsrechten. Seine Bestimmungsfaktoren sind:

1. der erzielbare Ertrag,
2. die Ertragsdauer und
3. der Kapitalisierungszinsfuß.

Zu 1.:

Der in Zukunft erzielbare Ertrag ist eine unbekannte Größe, die nur durch Schätzungen ermittelt werden kann, wobei der Durchschnittsertrag der letzten Jahre als Anhaltspunkt dienen kann, wenn alle zukünftigen, die Ertragslage beeinflussenden Faktoren genügend Berücksichtigung finden. Maßgebend ist ferner nicht der Ertrag schlechthin, sondern der Reinertrag. Das bedeutet, daß alle außergewöhnlichen und nicht in unmittelbarem Zusammenhang mit dem zu bewertenden Wirtschaftsgut stehenden Ertragsfaktoren ausgesondert werden müssen.

Zu 2.:

Die Dauer der Nachhaltigkeit des erzielbaren Ertrages ist ebenfalls eine unbekannte Größe. Auch hier kann wiederum nur die Schätzung Platz greifen. Bei vielen Wirtschaftsgütern, wie z. B. bei Verlagswerten oder gar bei Unternehmungen als Ganzes, sofern sie nicht bestimmten Branchen angehören, ist aber eine derartige Vorausschätzung praktisch unmöglich. Man behilft sich in diesen Fällen in der Weise, daß man die Ertragsdauer auf unendlich festsetzt und dafür den Risikofaktor bei der Bemessung des Kapitalisierungszinsfußes entsprechend berücksichtigt. Diese Handhabung ist auch deshalb gerechtfertigt, weil am Ende der Nutzung das ursprünglich investierte Kapital noch erhalten sein soll und einer anderen Nutzung zugeführt werden muß.

Zu 3.:

Der Kapitalisierungszinsfuß war und ist in seiner Höhe ebenso wie die Begründung des Zinses im allgemeinen und vor allem in der Volkswirtschaftslehre viel umstritten. Auf die allgemeine Bedeutung und die Funktion des Zinses in der Wirtschaft kann hier nicht eingegangen werden, weshalb nur eine kurze Darstellung des Problems der Bemessung des Kapitalisierungszinsfußes gegeben werden soll. Mellerowicz[21] gibt in seinen Ausführungen hierüber zahlreiche Ansichten wieder, wonach der vorgeschlagene Zinsfuß zwischen 7 bis 33 % schwankt, wobei für die Zeitungsbranche ein Zinssatz von 10 % genannt wird. Für das Zeitungsgewerbe schlug Schmidt[22] — allerdings bereits im Jahre 1903 — einen Kapitalisierungsfaktor von 6 bis 12 vor, was einer Verzinsung von 16,6 bis 8,3 % entspricht. Eine einheitliche Auffassung über die Höhe des bei der Kapitalisierung anzuwendenden Zinssatzes gibt es also nicht. Mellerowicz vertritt darüber hinaus die Ansicht, daß es einen einheitlichen Zinsfuß hierfür auch nicht geben kann, da im Kapitalisierungszinsfuß einerseits das Branchenrisiko und daneben verschiedene betriebliche Risiken Berücksichtigung finden müßten, die nur individuell

---

[21] Mellerowicz, Der Wert..., S. 75 ff.
[22] Schmidt, a. a. O., S. 57 und 72.

bemessen werden können. Er schlägt daher vor, den Kapitalisierungszinsfuß nur von Fall zu Fall zu bestimmen, wobei vom Mittelwert zwischen dem Branchenzins und dem Landeszins auszugehen sei und die
betriebsbedingten Sonderrisiken als Zuschläge berücksichtigt werden
müßten. Demgegenüber fordert Diez[23] die Zugrundelegung des landesüblichen Zinses (Diskontsatz oder Realverzinsung von Wertpapieren),
während alle generellen und speziellen Unternehmerrisiken bereits im
Ertrag berücksichtigt werden sollen. Anderseits anerkennt er aber einen
Risikozuschlag für geringe Fungibilität, der nach ihm heute bis zu 50 %
des Normalzinses beträgt. Hierin liegt eine erhebliche Inkonsequenz.
Außerdem dürfte es wesentlich zweckmäßiger sein, die Unternehmerrisiken im Kapitalisierungszinsfuß, der ohnehin die Rendite für den
kapitaleinsetzenden Unternehmer beinhaltet, zu erfassen als auch noch
die Ertragsrechnung damit zu belasten. Deshalb dürfte der Methode
Mellerowicz unbedingt der Vorzug zu geben sein. Eine ähnliche Auffassung vertritt Kolbe[24], der vom Zinsfuß für langfristige staatliche An-
leihen ausgeht und diesen um Risikozuschläge für das Unternehmer-
wagnis sowie um Eventualzuschläge (wegen Körperschaftssteuer und
schwere Mobilisation) erhöht.

Für Verlagsrechte im engeren Sinne ist die betriebswirtschaftliche
Zeitwertermittlung von nicht allzu großer Bedeutung, da diese Rechte
meist gemeinsam mit den Beständen der betreffenden Verlagserscheinung bewertet werden, deren Wert den Wert des Verlagsrechtes in der
Regel bei weitem übersteigt. Bei Verkäufen derartiger Rechte wird sehr
häufig kein bestimmter Wert zugrunde gelegt, sondern das Entgelt als
Beteiligung am Umsatz oder am Gewinn gewährt. Der Zeitwert bildet
aber bei diesen Rechten die Bemessungsgrundlage für gegebenenfalls
vorzunehmende Sonderabschreibungen. Häufiger ist die Zeit- bzw. Er-
tragswertermittlung dagegen bei Verlagswerten. Hier wird der Zeitwert — abgesehen von rein betrieblichen Informationen — zu verschiedenen Zwecken benötigt. Er dient fast immer als Basis für die Preis-
festlegung bei Verkaufverhandlungen. Sofern eine ganze Verlagsunternehmung veräußert wird, gibt der Zeitwert den Anhaltspunkt für die
Abgrenzung der für den Verlagswert aktivierbaren Anschaffungskosten
von anderen Kosten z. B. des auf den Geschäftswert entfallenden An-
teils am Gesamtkaufpreis. Schließlich ist die Zeitwertermittlung un-
erläßlich für die Bemessung der Abschreibungen auf den Verlagswert,
zumal steuerlich Abschreibungen nur anerkannt werden, wenn der Zeit-
bzw. Teilwert tatsächlich gesunken ist.

---

[23] Diez, Der Kapitalisierungsfaktor als Bestandteil der Ertragswertberechnung, „Die Wirtschaftsprüfung" 1955, Nr. 1, S. 2 ff.

[24] Kolbe, Der Gesamtwert und Geschäftswert der Unternehmung, Köln-
Opladen 1954, S. 56.

II. Allgemeine Bewertungsregeln

Aus den dargestellten allgemeinen Bewertungsgrundsätzen für die Bewertung von Verlagsrechten im Jahresabschluß der Unternehmung lassen sich einige Bewertungsregeln aufstellen. Diese sind nach dem Charakter der Verlagsrechte und nach ihrer Bilanzierungsform zu differenzieren. Es müssen unterschieden werden:

a) Verlagsrechte im engeren Sinne, die als Gegenstände des Anlagevermögens anzusehen sind — insbesondere Buchverlagsrechte, bei denen der Verleger durch den Verlagsvertrag die Auswertung sämtlicher zukünftiger Auflagen übernommen hat. Auch Musikverlagsrechte gehören unter den oben geschilderten Voraussetzungen hierzu —.

b) Verlagsrechte im engeren Sinne, die dem Umlaufvermögen zugeordnet werden. — Zu dieser Gruppe gehören vor allem Rechte an Beiträgen, aber auch Verlagsrechte, bei denen das für die Erwerbung gezahlte Entgelt aus Vereinfachungsgründen als Kostenfaktor auf die Anzahl der hergestellten Werke aufgeteilt wird bzw. werden kann.

c) Verlagswerte; diese Verlagsrechte — in erster Linie Rechte an Zeitungen, Zeitschriften und anderen periodischen Sammelwerken — gehören immer zum Anlagevermögen.

Für diese Gruppen von Verlagsrechten gelten folgende allgemeine Bewertungsregeln:

Zu a):

1. Buchverlagsrechte und andere Verlagsrechte im engeren Sinne, die als Gegenstände des Anlagevermögens bilanziert werden, dürfen gem. § 133 Ziff. 2 Akt.Ges. höchstens zu Anschaffungskosten in Ansatz gebracht werden.

2. Als Anschaffungskosten gilt, da diese Rechte im Gegensatz zu Urheberrechten immer von Dritten erworben werden, der im Verlagsvertrag festgelegte Erwerbspreis zuzüglich etwaiger Erwerbsnebenkosten wie Provisionen etc. In bestimmten Fällen — z. B. bei Musikverlagsrechten — erscheint es zweckmäßig, den Anschaffungskosten die Herstellkosten der Verlagsbestände hinzuzurechnen.

3. Als Anschaffungskosten sind nur geleistete Aufwendungen anzusehen. Wird der Erwerbspeis in Form von Umsatz- oder Gewinnbeteiligungen abgegolten, so darf die Bewertung höchstens zu Erinnerungswerten erfolgen.

4. Die Bewertung zu Anschaffungskosten darf nur erfolgen, wenn nicht die Grundsätze ordnungsgemäßer Bilanzierung Abschreibun-

gen erforderlich machen. Im Hinblick auf die Schwierigkeiten in der Ertragswertbeurteilung empfiehlt sich eine schnelle Abschreibung, die eine Zeitspanne von 5 Jahren nicht überschreiten sollte.

Zu b):

1. Die Bewertung von Verlagsrechten, die zum Umlaufvermögen gehören, erfolgt nach dem Niederstwertprinzip.

2. Verlagsrechte, deren Anschaffungskosten den Herstellkosten der betreffenden Verlagsbestände hinzugerechnet werden, dürfen gemeinsam mit den Beständen höchstens zu Herstellkosten bewertet werden.

3. Rechte an Beiträgen werden in Höhe der geleisteten Honorarzahlungen bewertet.

4. Da Börsen- oder Marktpreise für Verlagsrechte nicht vorliegen, darf die Bewertung zu Anschaffungskosten nur erfolgen, wenn der Zeitwert, welcher allein durch die Ertragschancen bestimmt wird, nicht niedriger ist. Da auch die Ertragschancen nur relativ schwierig abzuschätzen sind, muß die Bewertung bzw. die Bemessung erforderlicher Abschreibung mit größter Vorsicht vorgenommen werden. Bei Beiträgen darf die Bewertung zu Anschaffungskosten nur dann erfolgen, wenn die Veröffentlichung in nächster Zeit vorgesehen ist.

Zu c):

1. Verlagswerte sind als Gegenstände des Anlagevermögens — gleichgültig, ob sie originär entstanden oder käuflich erworben sind — höchstens zu Anschaffungskosten zu bewerten.

2. Als Anschaffungskosten sind der Erwerbspreis zuzüglich der Erwerbsnebenkosten bzw. der im Betrieb der Verlagsunternehmung für die Schaffung des Verlagswertes gemachte Einführungsaufwand anzusehen.

3. Die Bewertungsvorschriften für Organisationskosten und für den Firmenwert sind für Verlagswerte nicht anzuwenden; maßgeblich sind vielmehr die Bewertungsmaßstäbe für immaterielle Wirtschaftsgüter gem. § 133 Ziff. 2 Akt.Ges.

4. Entsprechend dem Bewertungsgrundsatz der Vorsicht sind Verlagswerte abzuschreiben. Erforderlich erscheinen gleichmäßige, von der tatsächlichen Höhe des Verlagswertes unabhängige Abschreibungen, die gegebenenfalls beim Absinken des Zeitwertes durch Sonderabschreibungen zu ergänzen sind.

Für alle Gruppen von Verlagsrechten kann zusammenfassend noch folgende Regel aufgestellt werden:

Bei der Bemessung von handelsrechtlichen und steuerlichen Abschreibungen — insbesondere bei Sonderabschreibungen — nach Maßgabe des Zeitwertes sowie bei einer Wertfeststellung nach betriebswirtschaftlichen Grundsätzen kann als Wertmaßstab nur der Ertragswert Anwendung finden, d. h. der kapitalisierte auf der Grundlage der Erträge der Vergangenheit vorsichtig geschätzte, zukünftige Reinertrag der betreffenden Verlagserscheinung.

III. Die Technik der bilanziellen Bewertung

1. Die Ermittlung der aktivierungsfähigen Anschaffungskosten

a) Bei originär entstandenen Verlagsrechten

Die originäre Entstehung von Verlagsrechten kommt nur bei den sogenannten Verlagswerten vor, d. h. bei Rechten an periodischen Sammelwerken, während Verlagsrechte in engerem Sinn nur von Dritten erworben werden können. Nach der Legaldefinition des Verlagsgesetzes nämlich können Buchverlagsrechte und ähnliche nur durch den Verlagsvertrag entstehen, dessen wesentlichster Bestandteil die Übertragung von Rechten auf Dritte ist. Anders ist dies bei Rechten an periodischen Sammelwerken, die entweder von Dritten erworben oder aber im Betrieb einer Verlagsunternehmung originär geschaffen werden können, und zwar muß jeder Verlagswert zunächst einmal originär entstanden sein. Ähnlich wie bei selbst erfundenen Patenten liegen die Schwierigkeiten der Bewertung originär entstandener Verlagswerte für den Jahresabschluß in der Ermittlung der aktivierungsfähigen Anschaffungskosten.

Als Anschaffungskosten im Sinne des § 133 Akt.Ges. ist bei originär entstandenen Verlagswerten der Einführungsaufwand anzusehen. Wie hoch der Aufwand für die Neueinführung einer Verlagserscheinung mitunter ist, wurde bereits im Abschn. A III 2 an Hand einiger Beispiele gezeigt. Weitere Beispiele, auch aus der Zeit nach dem Zusammenbruch, enthält der Anhang 3, in dem diese Aufwendungen noch weiter spezifiziert und erläutert sind. Danach wurden, sofern die Verlagswerte überhaupt bilanziert wurden, dem Einführungsaufwand der bei der Einführung entstandene Verlust gleichgesetzt und dieser als Verlagswert aktiviert. Dies war beispielsweise beim „Berliner Lokal-Anzeiger" der Fall, der einen Einführungsverlust von rund 360 000,— verursachte, als auch bei der im Anhang 3 zu Ziff. 1 erwähnten Tageszeitung, deren Einführungsverlust sich auf rund DM 395 000,— belief. Grundsätzlich ist dazu zu bemerken, daß diese Handhabung überhaupt nur dann gerechtfertigt erscheint, wenn die betreffende Verlagsunternehmung nur eine Verlagserscheinung herausgibt. Ferner ist Voraussetzung hierfür, daß die Zeitung oder Zeitschrift im Lohndruck hergestellt wird, wie es bei den beiden obengenannten Beispielen der Fall war. Hat die Unternehmung dagegen einen eigenen Druckereibetrieb, wird sich die Werbung für das Akzidenzdruckgeschäft oft nicht von der speziellen Werbung für die Verlagserscheinung trennen lassen, was aber für die Erfassung der Anschaffungskosten des Verlagswertes unbedingt notwendig ist. Außerdem entstehen in Druckereibetrieben häufig auch sogenannte technische Verluste (Fehldrucke[25] etc.), die nicht dem Einführungsaufwand dieser Verlagserscheinung hinzugerechnet werden dürfen.

Hieraus ergibt sich, daß die Kostenstellenrechnung bei der Einführung neuer Verlagserscheinungen in allen gemischten Betrieben, d. h. bei Unternehmungen, die neben dem eigentlichen Verlagsgeschäft auch eine Druckerei betreiben — und das ist die Mehrzahl aller Zeitungsunternehmen[26] —, von entscheidender Bedeutung ist. Erleichtert wird die hierfür erforderliche Kostentrennung und -zurechnung durch die Einrichtung von Zweigbetrieben bzw. die Gründung von Untergesellschaften, die sich ausschließlich mit dem Druckereigeschäft befassen. Diese Form der Organisation ist heute vielfach verbreitet. Sofern eine derartige Organisation jedoch nicht gegeben ist, muß die Ergebnisrechnung unbedingt nach Kostenstellen — insbesondere Verlag, Druckerei, Hausverwaltung — unterteilt werden, um den der betreffenden Verlagserscheinung hinzuzurechnenden Einführungsverlust zu erfassen. Hierbei muß neben einer klaren Trennung der direkten Kosten besonderes Gewicht auf die Verrechnung der innerbetrieblichen Leistungen — z. B. der Druckerei — gelegt werden. Beispiele hierfür enthält der Anhang[27], wobei es sich aber um bereits eingeführte Verlagserscheinungen handelt, die Gewinnergebnisse erzielten.

Eine klare Trennung der Kosten ist aber nicht nur bei allen Zeitungsunternehmungen mit eigenen Druckereien erforderlich, sondern auch dann, wenn die Unternehmung mehrere Verlagserzeugnisse verlegt. In einem solchen Fall wäre es zweifellos unstatthaft, den der Unternehmung insgesamt entstandenen Verlust als Verlagswert einer Ver-

---

[25] Gemeint sind hier außergewöhnliche Verluste, nicht aber der normale Ausschuß!

[26] Nach einer Untersuchung von Bertkau-Bömer, a. a. O., S. 79, wurden beispielsweise 1930 von 1475 befragten Zeitungen nur 115 Blätter oder 7,8 % in fremden Druckereien hergestellt. Dieses Verhältnis hat sich nach 1945 wesentlich verändert, da die meisten Zeitungsverlage ihre Verlagserscheinungen einstellen mußten und deshalb die von den Militärregierungen lizenzierten Blätter, die größtenteils keine eigenen Druckereien besaßen, im Lohndruck herstellten. Allmählich ist jedoch auch hier wieder eine Konsolidierung der Verhältnisse zu beobachten, obwohl hierfür, wie das Beispiel in Anh. 5 zeigt, erhebliche Mittel erforderlich sind.

[27] S. Anh. 4, Beispiel 1) und 2).

lagserscheinung zu aktivieren. Voraussetzung für eine Aktivierung ist es, daß die Einführungskosten des originär entstandenen Wirtschaftsgutes, des einzelnen Verlagswertes, erfaßt werden können. Andere betriebliche Verluste oder aber auch Gewinne, seien sie nun durch die Einführung weiterer Verlagserscheinungen oder durch den Verlag bereits eingeführter Erzeugnisse hervorgerufen, dürfen den Anschaffungskosten eines einzelnen Verlagswertes nicht hinzugerechnet werden. Eine gemeinsame Bilanzierung und Bewertung mehrerer Verlagswerte dagegen erscheint unzweckmäßig und nach den Bewertungsgrundsätzen des Aktiengesetzes auch unzulässig, da die Verlagswerte zu differenziert sind und jeder für sich auch einen mitunter sehr unterschiedlichen inneren Wert repräsentiert. Demnach dürfen einer neueingeführten Verlagserscheinung nur diejenigen Kosten hinzugerechnet werden, die direkt im Zusammenhang mit ihrer Einführung entstanden sind. So dürfen Kosten der Werbung für die Unternehmung als Ganzes nicht dem Einführungsaufwand belastet werden; hierzu gehören vielmehr nur die Kosten der Direktwerbung für die betreffende Verlagserscheinung.

Die Gleichsetzung des Einführungsverlustes einer Verlagserscheinung mit den Anschaffungskosten eines originär entstandenen Verlagswertes birgt aber noch ein anderes Problem. Im § 133 Ziff. 1 Akt.Ges. wird u. a. ausgeführt, daß bei der Berechnung der Herstellkosten in angemessenem Umfang Abnutzungen und sonstige Wertminderungen sowie angemessene Teile der Betriebs- und Verwaltungskosten eingerechnet werden dürfen. Da für den Begriff der Anschaffungskosten eine derartige Erweiterung nicht gegeben wurde, muß unterstellt werden, daß bei der Ermittlung der Anschaffungskosten derartige Aufwendungen nicht berücksichtigt werden dürfen[28]. Nun enthalten aber die Einführungsverluste einer Zeitung naturgemäß entsprechend der exakten Kostenaufteilung auch allgemeine Betriebs- und Verwaltungskosten. Das bedeutet, daß bei der Ermittlung der Anschaffungskosten eines Verlagswertes nicht der effektive Einführungsverlust als Grundlage dienen kann, sondern nur der um diese Kosten verminderte Verlust. Anderseits erkennen aber auch Adler-Düring-Schmaltz an, daß hierbei Grenzfälle möglich sind. Ein solcher wird z. B. dann gegeben sein, wenn ein Verlag nur eine Verlagserscheinung herausgibt und keine andere Geschäftstätigkeit ausübt. In diesem Fall sollten auch die Betriebs- und Verwaltungskosten dem Einführungsaufwand hinzugerechnet werden, es sei denn, es handelt sich um einmalige Sonderkosten oder um Aufwendungen, die in keinem Verhältnis zu den üblicherweiser erforderlichen Verwaltungskosten stehen (beispielsweise bei zu hohem Personalbestand der Verwaltung). Ein solcher durch

---

[28] Vgl. ADS, a. a. O., Tz. 32 zu § 133.

eine unrentable Verwaltung bedingter Verlust ist aus dem Einführungsaufwand der Verlagserscheinung auszugliedern.

Das Aktiengesetz bestimmt ferner, daß Vertriebskosten nicht zu den
Betriebs- und Verwaltungskosten gehören[29]. Diese Kosten zählen daher
weder zu den Anschaffungs- noch zu den Herstellkosten und wären
deshalb an sich nicht in den Einführungsaufwand mit einzubeziehen.
Bei Zeitungs- oder Zeitschriftenverlagsrechten erscheint die Aussonderung der Vertriebskosten (insbesondere die Transportkosten:
Austrägerlöhne etc.) aber bedenklich, da das Recht bekanntlich erst
durch den Anklang der Verlagserscheinung beim Publikum entsteht.
Die normalen Vertriebskosten werden deshalb immer in den Einführungsaufwand einbezogen[30]. In der Praxis wird eine solche Kostentrennung immer problematisch und äußerst schwierig sein. Die Entscheidung, welche Kosten direkt oder indirekt dem Einführungsaufwand hinzuzurechnen sind, wird sich nicht immer ohne weiteres vornehmen lassen und von Fall zu Fall variieren. Deshalb erscheint bei
der Erfassung aktivierungsfähiger Anschaffungskosten für originär
entstandene Verlagswerte immer besondere Vorsicht geboten, zumal
der Wertansatz dieser Verlagsrechte während der Einführungszeit
ohnehin mit erheblichen Risiken behaftet ist. Ein Beispiel für die Ausgliederung von Sonderkosten der Verwaltung und des Vertriebes aus
dem Einführungsverlust einer Zeitung enthält der Anhang 3 zu Ziff. 1b.
Danach dürfte der Verlagswert der betreffenden Zeitung statt mit
DM 395 000,— nur mit etwa DM 280 000,— bilanziert werden.

Eine generelle Regel für die Erfassung der Anschaffungskosten für
Verlagswerte läßt sich im Hinblick auf den unterschiedlichen Charakter und in Anbetracht des verschiedenen inneren Wertes derselben
nicht aufstellen. Die Art und die Höhe der Einführungskosten, die die
Grundlage für die Ermittlung der Anschaffungskosten bilden, richtet
sich — wie schon betont wurde — nach dem Charakter der Verlagserscheinung und den äußeren politischen und wirtschaftlichen Verhältnissen zur Zeit ihrer Einführung. So werden für die Einführung
einer Tageszeitung andere Kosten entstehen als für die einer Zeitschrift
oder gar eines Nachschlagewerkes und bei starkem Wettbewerb
wiederum andere als unter wettbewerblich günstigen Verhältnissen.
Im Anhang 3 ist eine Gegenüberstellung der Einführungskosten von 10
verschiedenen Verlagserscheinungen enthalten, die die unterschiedliche Zusammensetzung und Höhe der Aufwendungen und Erträge
kennzeichnet. Als Vergleichsbasis diente hierbei die Relation zum
erzielten Umsatz. Zu einem ähnlichen Ergebnis würde die Beziehung

---

[29] § 133, Ziff. 1).

[30] Bei dem Beispiel 1) im Anh. 3 sind keine Vertriebskosten enthalten, andererseits fehlen aber auch die Vertriebsgewinne, da die Zeitung an eine
Vertriebsorganisation verkauft wurde.

auf die jeweils gedruckten Exemplare führen, jedoch waren die Druck-
auflagen nicht in allen Fällen bekannt. Diese Gegenüberstellung zeigt
u. a., daß z. B. die Herstellkosten — abgesehen von dem völlig aus dem
Rahmen fallenden Beispiel D — bei den einzelnen Verlagserscheinungen
zwischen 76,1 % und 13,5 % und die hierin enthaltenen Papierkosten
zwischen 23,0 % und 1,2 % vom Umsatz schwanken. Ähnlich schwan-
kend ist das Gewicht der anderen Kosten sowie die Zusammensetzung
der Erlöse — der Anteil der Anzeigenerlöse an den Gesamtumsätzen
schwankt bei den angeführten Beispielen zwischen 0 und 71,9 % —.

Hagemann[31] kam in seiner 1950 angestellten Untersuchung der Ausgaben und Einnahmen in Zeitungsbetrieben zu ebenso unterschiedlichen Ergebnissen. Er bezog die Relation der einzelnen Kostenarten
auf die Gesamtkosten. Als Beispiel führte er u. a. an, daß die Redaktionskosten zwischen 30 % — bei Zeitungen mit hohem Niveau — und
$1^{1}/_{2}$ % — bei westdeutschen Massenblättern — liegen. Hinsichtlich der
Schwankungen der Papierkosten wies Hagemann darauf hin, daß diese
sich schon vor dem 1. Weltkriege zwischen 30 % und 93,5 % der Gesamtkosten bewegten. In diesem Zusammenhang sei kurz auf die Veränderungen der Papierpreise hingewiesen, die naturgemäß den Anteil der
Papierkosten an den Gesamtkosten stark beeinflussen. Sie betrugen
im Durchschnitt etwa:

	1860	M	60,—	pro 100 kg
	1914	M	20,—	pro 100 kg
	1923	RM	28,50	pro 100 kg
	1930	RM	37,50	pro 100 kg
	1945	RM	30,—	pro 100 kg
1. Halbjahr	1948	RM	30,—	pro 100 kg
2. Halbjahr	1948	DM	58,—	pro 100 kg
November	1950	DM	60,—	pro 100 kg
November	1951	DM	85,—	pro 100 kg
April	1952	DM	93,—	pro 100 kg

Aus diesen Angaben ist ersichtlich, daß sich die Einführungskosten
von Verlagserscheinungen nicht auf einen gemeinsamen Nenner
bringen lassen. Bei der Abgrenzung der aktivierungsfähigen Kosten
kann sich der bilanzierende Verlagskaufmann daher auf keinerlei
Normen stützen, sondern muß die Höhe der aktivierungsfähigen Kosten
auf Grund sorgfältiger Überlegung individuell ermitteln.

Bisher wurde, ohne hierfür zunächst eine Begründung zu geben,
unterstellt, daß die Anschaffungskosten eines Verlagswertes gleich dem
Einführungsverlust der betreffenden Verlagserscheinung sind, sofern
man die nicht aktivierungsfähigen Kosten und die nicht an den Verlag
gebundenen Verluste ausgliedert. Deshalb wurden die in der Ein-

---

[31] Hagemann, a. a. O., S. 183.

führungszeit erzielten Erlöse von den effektiv entstandenen Aufwendungen in Abzug gebracht. Dieser Handhabung liegt als Begründung die Fiktion zu Grunde, daß sich die Kosten der in der Einführungszeit verkauften Exemplare bzw. die Kosten für den verkauften Anzeigenraum mit den hierfür erzielten Erlösen decken, während nur die Kosten der nicht verkauften Exemplare als Anschaffungskosten des Verlagswertes anzusehen sind. Es ist zwar durchaus richtig, die Kosten der bereits in der Einführungszeit verkauften Exemplare einer Verlagserscheinung von dem insgesamt entstandenen Einführungsaufwand abzusetzen, da diesen Kosten eine Leistung zu Grunde liegt, der ein bewirkter Umsatz gegenübersteht. Entsprechend dem Prinzip der Periodisierung sind diese Kosten daher als Aufwand der Einführungsperiode anzusehen. Die übrigen Kosten aber stehen zunächst noch in keiner unmittelbaren Beziehung zu den erzielten Umsätzen, sondern finden — wenn überhaupt — erst in späteren Perioden ihren Niederschlag in der Ertragskraft der Verlagserscheinung. Sie sind deshalb in der Periode der Einführung abzugrenzen bzw. als Anschaffungskosten des Verlagswertes zu aktivieren.

Aber auch die Kosten der in der Einführungszeit bewirkten Leistung sind keinesfalls den hierfür erzielten Erlösen gleichzusetzen, da diese entweder schon einen Gewinnaufschlag oder aber, was während der Einführungszeit wahrscheinlicher ist, einen Verlustanteil beinhalten. Einen gewissen Anhaltspunkt für die Höhe dieser Kosten würde man erhalten, wenn man die insgesamt entstandenen Kosten in Relation zu den hergestellten Druckexemplaren setzt und diese Verhältniszahlen mit der Zahl der verkauften Exemplare multipliziert. Hierbei ist jedoch zu berücksichtigen, daß insbesondere ein großer Teil der Werbungskosten einmalig anfällt und deshalb nicht in unmittelbarer Beziehung zu den umgesetzten Leistungen steht. Außerdem stehen auch die Kosten und Erlöse der Anzeigenverwaltung nicht in Beziehung zu der Zahl der verkauften Exemplare, sondern zu der Zahl der tatsächlich verbreiteten Auflage, weil es dem Anzeigenkunden gleichgültig ist, ob seine Anzeige in verkauften oder aber in kostenlos abgegebenen Exemplaren zu lesen ist; ihm kommt es nur auf die tatsächliche Verbreitung seiner Anzeige an. Ferner ist hierbei zu erwägen, daß der gegebenenfalls auf die umgesetzte Leistung entfallende Verlustanteil im Hinblick auf die späterhin zu erwartende Ertragskraft von dem Verleger getragen wird und ebenfalls ein Teil der Anschaffungskosten für den Verlagswert ist. Aus diesen Gründen erscheint es durchaus zweckmäßig, wenn man statt der Kosten für die umgesetzte Leistung die Erlöse von den insgesamt entstandenen Einführungskosten absetzt und den Restbetrag als Anschaffungskosten des Verlagswertes aktiviert. Tatsächlich wird in der Praxis schon aus Vereinfachungsgründen auch so verfahren.

Im Hinblick auf die Problematik des Wertansatzes der Verlagsrechte an Zeitungen und Zeitschriften während der Einführungszeit erscheint diese Handhabung in gewissem Umfange auch dann vertretbar, wenn auf die bereits verkauften Exemplare ein Gewinnanteil entfällt, weil dies dem Grundsatz der Vorsicht entspricht.[32] Keinesfalls aber darf der gesamte Einführungsaufwand durch Erträge bzw. Gewinne eliminiert werden. In der Praxis ist dies häufig der Fall, und zwar insbesondere dann, wenn die neu eingeführte Verlagserscheinung bereits im ersten Jahr ihres Erscheinens einen Gewinn erbringt. Der Verlagswert wird dann in der Regel überhaupt nicht aktiviert. Es ist aber nicht gerechtfertigt, die Einführungskosten einer Verlagserscheinung nur dann gesondert zu erfassen und als Verlagswert zu aktivieren, wenn die betreffende Zeitung oder Zeitschrift zunächst einen Verlust verursacht, während man bei einem Gewinnergebnis bzw. dann, wenn ein solcher Einführungsverlust durch Gewinne anderer Verlagserscheinungen gedeckt werden kann, auf eine Aktivierung ganz verzichtet und die betreffenden Aufwendungen von vornherein der Gewinn- und Verlustrechnung belastet. In einem solchen Fall muß vielmehr eine genaue Abgrenzung des Einführungsaufwandes vorgenommen werden, die man im Hinblick auf die oben genannten Schwierigkeiten am besten in der Weise durchführt, indem man für die betreffenden Verlagserscheinungen monatliche Ergebnisrechnungen erstellt. Die Verluste werden dann so lange aktiviert, bis die monatliche Ergebnisrechnung erstmalig ein positives Ergebnis ausweist. Auf diese Weise wird verhindert, daß periodengerechte Gewinne mit dem Einführungsaufwand verrechnet werden. Ein Beispiel hierfür enthält Anhang 3 zu Ziff. 1b). Sollte aber, was im Einzelfall durchaus einmal möglich sein mag, auch im ersten Monat der Einführung bereits ein positives Ergebnis erzielt worden sein, so müssen alle einmaligen und außergewöhnlichen Aufwendungen abgegrenzt werden. Hierzu gehören in erster Linie alle einmaligen Werbekosten, aber auch der Teil der Herstellkosten (Druck-, Papier-, Redaktionskosten etc.), der auf Frei- bzw. Werbeexemplare entfällt. Bei echten Zeitungsgründungen kommen zu den oben geschilderten Einführungskosten noch beträchtliche Investitionen, deren Erfassung und Bewertung jedoch in diesem Zusammenhang ohne Bedeutung ist. Solche Gründungen sind wegen ihrer Kostspieligkeit relativ selten. Ist bei der Gründung einer Zeitung die Druckerei bereits vorhanden oder aber wird die Zeitung im Lohndruck hergestellt, so ist die Erfassung der Einführungskosten zwar etwas einfacher, beinhaltet jedoch ansonsten die gleichen Probleme. Häufiger als die Gründung einer Zeitung und die damit verbundene originäre Schaffung eines Verlagswertes ist der derivative Erwerb einer Zeitung, weshalb der Bewertung

---

[32] Diese Aufrechnung ist nur handelsrechtlich statthaft; steuerrechtlich müssen die Gewinne als solche ausgewiesen werden.

von Verlagsrechten beim Kauf eine noch größere Bedeutung zukommt.
Dies gilt besonders für Verlagsrechte im engeren Sinne, da diese nur
derivativ erworben werden können.

b) Bei von Dritten erworbenen Verlagsrechten

Auch beim Erwerb eines Verlagsrechtes von Dritten wird das Problem
der Bewertung zunächst durch die Ermittlung der aktivierungsfähigen
Anschaffungskosten, d. h. des Kaufpreises gekennzeichnet. Bei Buch-
verlags- und ähnlichen Rechten — den Verlagsrechten im engeren
Sinne — erfolgt die Abgeltung des Kaufpreises in der überwiegenden
Zahl der Fälle in Form der Umsatz- oder Gewinnbeteiligung. Derartig
erworbene Verlagsrechte dürfen nicht aktiviert werden, da der Maßstab der Bewertung, die Anschaffungskosten, hier nicht zu ermitteln ist
und die effektiven Erwerbskosten zum Zeitpunkt des Erwerbes noch
nicht aufgewendet worden sind. Die Einsetzung eines Merkpostens von
DM 1,— kann jedoch als zulässig und zweckmäßig bezeichnet werden.
Ist aber neben der Tantiemezusicherung oder Gewinnbeteiligung noch
eine Garantie gewährt worden, so muß diese als Verlagsrecht aktiviert
werden, wobei die Höhe der Garantie den Erwerbs- bzw. Anschaffungskosten entspricht. Das gleiche gilt, wenn beim Erwerb eines Verlagsrechtes ein fester Kaufpreis für mehrere oder alle zukünftigen Auflagen gezahlt wird. Der Kaufpreis einschließlich etwaiger Erwerbsnebenkosten wie Provisionen usw., ist auf jeden Fall die Obergrenze
der Bewertung, und zwar auch dann, wenn der Kaufpreis nur für eine
bestimmte Auflage gezahlt wurde und der Einfachheit halber den Beständen hinzugerechnet wird[33].

Bei Verlagsrechten an periodischen Sammelwerken ist die Ermittlung
des für den Erwerb des Rechtes gewährten Entgelts häufig nicht so einfach, da vielfach neben dem Verlagswert — beispielsweise einer Zeitung — auch die dazugehörige Druckerei oder die ganze Unternehmung
erworben wird. Verlagswerte nämlich können nur in einer gewerblichen
Unternehmung originär entstehen. Das einmal geschaffene Verlagsrecht
kann dann wie jedes andere gewerbliche Schutzrecht — z. B. Patente —
losgelöst von der Unternehmung übertragen werden, wird jedoch häufig
mit der Unternehmung gemeinsam verkauft. Der Erwerbspreis wird bei
der Bemessung des Kaufpreises in den seltensten Fällen auf die erworbenen materiellen und immateriellen Vermögensgegenstände aufgeteilt,
was für die Bewertung des Verlagswertes jedoch unbedingt erforderlich
ist. Außerdem steht der Erwerbspreis oft in keiner direkten Beziehung
zu dem tatsächlichen Wert des Verlagsrechtes, weil mit dem Verlagsrecht noch andere Vorteile erworben werden. Aktivierungsfähig ist
zwar, sofern er bezahlt worden ist, auch ein etwaig überhöhter Kauf-

---

[33] Über die Formen der Kaufpreise vgl. Abschn. A III 1.

preis; er muß aber nach den Grundsätzen ordnungsgemäßer Bilanzierung auf den Zeitwert, worunter der Marktzeitwert oder aber der steuerliche Teilwert zu verstehen ist, abgeschrieben werden. Für die Bewertung käuflich erworbener Zeitungsverlagsrechte sind also zwei Aufgaben zu lösen. Die erste ist die Ermittlung des Kaufpreises, soweit er sich auf das Verlagsrecht bezieht unter Aussonderung etwaiger preisbestimmender Faktoren, die mit dem Wert des Verlagsrechtes nichts zu tun haben und daher nicht zu den aktivierungsfähigen Anschaffungskosten gehören. Die zweite Aufgabe ist die Aufteilung des Kaufpreises, wenn, wie im Falle der Veräußerung der gesamten Verlagsunternehmung, ein einheitlicher Kaufpreis für mehrere Wirtschaftsgüter gewährt wird.

Die Ermittlung des Kaufpreises richtet sich nach der Art der Festsetzung des Preises. Im allgemeinen finden hierbei folgende Faktoren Berücksichtigung:

a) Zahl der Abonnenten,

b) Zahl der sonstigen Bezieher,

c) Auflagenhöhe, und zwar sowohl das Verhältnis der verkauften zur hergestellten Auflage als auch die tatsächlich verbreitete Auflage, die für den Anzeigenverkauf von großer Bedeutung ist,

d) Zahl der Inserenten,

e) Erlöse aus Anzeigen sowie das Verhältnis der Anzeigeneinnahmen zu den hierfür entstandenen Kosten,

f) Verhältnis der Anzeigeneinnahmen zu den sonstigen Einnahmen,

g) Organisation der Zeitung,

h) Ansehen und geschäftlicher Ruf der Zeitung,

i) Alter und Tradition der Zeitung,

j) Publizitätskraft und Richtung der Zeitung.

Neben rein wirtschaftlichen Faktoren spielen also auch ideelle Gesichtspunkte eine Rolle. Das Problem der Bewertung ist hierbei die Gewichtigkeit der einzelnen Punkte. Letzten Endes entscheidend ist jedoch nur der Ertragswert, wobei es auf den zukünftigen Ertragswert ankommt. Hierbei werden die oben genannten Faktoren, je nachdem welche Bedeutung ihnen der Käufer beilegt und in welchem Verhältnis sie bei der in Frage stehenden Verlagserscheinung zu dem Durchschnitt anderer Zeitungen oder Zeitschriften stehen, als risikovermindernde oder -erhöhende Faktoren Berücksichtigung finden. Am zweckmäßigsten berücksichtigt man derartige Sonderrisiken oder zusätzliche Ertragschancen bei der Bemessung des Kapitalisierungsfaktors, wofür im Anhang 4 einige Beispiele gegeben werden.

Neben diesen in unmittelbarem Zusammenhang mit der Art der Herausgabe und der Verbreitung der Verlagserscheinung stehenden Bewertungsfaktoren sind häufig noch eine Reihe anderer Gesichtspunkte für die Bemessung des Kaufpreises maßgebend. Hierzu gehört in erster Linie das Politikum, die Möglichkeit der Meinungsbeeinflussung (z. B. bei der sogenannten Gesinnungspresse). Auch die Ausschaltung einer unliebsamen Konkurrenz zur Erhöhung des Ertragswertes der eigenen Verlagserscheinung spielt oft eine nicht unbedeutende Rolle. Schließlich findet noch die Tatsache Berücksichtigung, daß eine eingeführte Zeitung das Einführungsrisiko bereits überstanden hat. Es wurde bereits ausgeführt, daß Zeitungen und Zeitschriften, sofern sie erst einmal die Anfangsschwierigkeiten überwunden haben, meist eine lange Lebensdauer haben. Eine Ausnahme hiervon bilden lediglich Parteizeitungen und ähnliche Blätter, bei denen durch politische Umwälzungen ein Massensterben einsetzen kann, wie das nach 1933 und 1945 der Fall war. Da es sich hierbei ebenso wie bei der Neugründung derartiger Blätter nicht um wirtschaftliche Tatbestände handelt, können diese hier unberücksichtigt bleiben. In der großen Lebensfähigkeit und in der hohen Kindersterblichkeit neuer Zeitungen liegt der monopolartige Charakter einer eingeführten Verlagserscheinung begründet, der stärker als die notwendigen Einführungskosten die Preisfestsetzung beeinflußt.

Aus diesen Ausführungen ist ersichtlich, daß für die Preisfestsetzung beim Erwerb von Zeitungsverlagsrechten neben objektiven auch zahlreiche subjektive Momente maßgebend sein können. Auf weitere Einzelheiten und die Methoden der Preisfestsetzung braucht in diesem Zusammenhang nicht eingegangen zu werden, da nach dem Aktiengesetz grundsätzlich der Erwerbspreis als Anschaffungswert anzusehen ist, gleichgültig in welcher Art und Höhe er festgesetzt worden ist. Es kommt lediglich darauf an, daß er tatsächlich bezahlt bzw. festgesetzt worden ist, da nur die effektiv entstandenen Aufwendungen aktiviert werden dürfen. Andererseits hat der Wertmaßstab der Anschaffungskosten für die Bewertung in der Bilanz jedoch keine unbeschränkte Gültigkeit, da sich der Gesetzgeber ausdrücklich auf die Grundsätze ordnungsgemäßer Bilanzierung bezieht, woraus zu schließen ist, daß „als Höchstgrenze der aktivierbaren Anschaffungskosten aber in allen Fällen der vorsichtig zu schätzende wirtschaftliche Wert"[34] anzusehen ist. Hierunter kann bei Verlagsrechten nur der Ertragswert verstanden werden, weshalb dieser auf jeden Fall die Obergrenze der Bewertung ist.

Der Ertragswert von Verlagsrechten ist für die Ermittlung der aktivierungsfähigen Anschaffungskosten außerdem in all den Fällen von Bedeutung, in denen das betreffende Zeitungsunternehmen als Ganzes veräußert wird. Dies gilt insbesondere dann, wenn der Käufer ein bereits bestehendes Verlagsunternehmen ist. In den seltensten Fällen wird bei einem derartigen Erwerbsvorgang der meist einheitlich

---

[34] ADS, a. a. O., Tz. 68 zu § 133.

bemessene Erwerbspreis auf die einzelnen erworbenen Wirtschaftsgüter aufgeteilt. Allenfalls erfolgt eine Aufteilung des Kaufpreises, soweit er auf die übernommenen materiellen Gegenstände entfällt (Büroeinrichtung, Druckerei usw.). Eine Einzelbewertung der immateriellen Werte, vornehmlich Firmenwert und Verlagswert, erfolgt jedoch meist nicht. Die Aktivierung des insgesamt gezahlten Erwerbspreises abzüglich des Wertes der materiellen Wirtschaftsgüter als Verlagswert ist jedoch nach den Grundsätzen ordnungsgemäßer Bilanzierung als unzulässig anzusehen, zumal hierin außer dem Firmenwert und dem Verlagswert oft auch noch andere Werte enthalten sind. Das kaufende Unternehmen bezahlt sehr häufig einen höheren Preis, als durch die Rentabilität der betreffenden Verlagserscheinung gerechtfertigt ist, weil sie sich noch zustäzliche Vorteile verspricht. Derartige Vorteile sind z. B. die bessere Ausnutzung der bereits bestehenden Organisation, die Zusammenarbeit und gegenseitige Unterstützung mehrerer Verlagserscheinungen sowie die bessere Ausnutzung bestehender Druckereikapazitäten. In derartigen Fällen wird der Kaufpreis nur zum Teil für den Wert des Verlagsrechtes gewährt, während ein anderer Teil auf die Verbesserung des eigenen Firmenwertes bzw. auf den Wert des Druckauftrages entfällt. Eine Trennung des Gesamtkaufpreises nach den einzelnen Wertfaktoren ist nur auf der Grundlage des Ertragswertes möglich, so daß dieser auch in diesen Fällen als Maßstab für die Ermittlung der für den Verlagswert aktivierungsfähigen Anschaffungskosten anzusehen ist.

Bevor nun die Ermittlungen des Ertragswertes von Verlagsrechten näher erläutert wird, soll noch auf die Bemessung der Abschreibungen auf diese Werte eingegangen werden, da auch hierfür der Ertragswert eine bedeutende Rolle spielt.

2. Die Bemessung der Abschreibungen

Buchverlags- und ähnliche Rechte, die zum Anlagevermögen gehören, werden normalerweise innerhalb von 5 Jahren abgeschrieben. Gegebenenfalls erfolgt darüber hinaus noch eine Sonderabschreibung auf den Zeitwert. Der Zeitwert ist außerdem die Grundlage für die Bemessung der Abschreibung, wenn diese Verlagsrechte gemeinsam mit den Beständen innerhalb des Umlaufvermögens bilanziert werden. Unter welchen Voraussetzungen Sonderabschreibungen auf Verlagsrechte erforderlich werden, läßt sich nur schwer beurteilen, da die einwandfreie Ermittlung des Zeitwertes nicht möglich ist. Die Verlagsrechte in engerem Sinne beinhalten zwar das Recht zur alleinigen Verbreitung und Ausnutzung des Werkes, bieten aber keinerlei Gewähr für einen auch nur annähernd im voraus zu bestimmenden Erfolg. Deshalb werden z. B. Buchverlagsrechte meist pauschal bewertet und abgeschrieben, wobei nicht individuelle Maßstäbe, sondern gewisse, aus der Erfahrung gewonnene Abschreibungsschlüssel als Maßstab angewendet werden.

Hierfür sei folgendes Beispiel gegeben; die Bestände einer bestimmten Gruppe von Verlagserzeugnissen werden bewertet:

Am Ende des ersten Jahres nach Erscheinen zu Anschaffungs- oder Herstellkosten;

am Ende des zweiten Jahres werden die Verlagsbestände mit 50 % der Anschaffungs- oder Herstellkosten in Ansatz gebracht;

am Ende des dritten Jahres erfolgt die Bewertung zu 25 % der Anschaffungs- oder Herstellkosten und

am Ende des vierten Jahres werden sämtliche Bestände auf einen Erinnerungswert von DM 1,— abgeschrieben.

Eine solche globale Abschreibung wird im Einzelfall oft zu hoch oder zu niedrig sein. Bei einer genügend großen Anzahl von Verlagserzeugnissen werden sich jedoch diese Abweichungen immer ausgleichen, so daß ein solcher Abschreibungsmodus sowohl rechtlich als auch wirtschaftlich als vertretbar bezeichnet werden kann. Voraussetzung hierfür ist allerdings, daß der Abschreibungsschlüssel an Hand der zukünftigen Erlöse laufend kontrolliert bzw. korrigiert wird. Zeigt sich im Verlauf der nächsten Periode, daß die noch erzielten Erlöse nicht ausreichen, um die Buchwerte zu decken, so muß der prozentuale Abschreibungssatz erhöht werden; tritt jedoch eine wesentliche Überdeckung ein, so muß eine Ermäßigung des Schlüssels vorgenommen werden. Geringfügige Abweichungen lassen sich hierbei nicht vermeiden und sollten daher nicht zur Änderung der Abschreibungsquote führen.

Neben der Pauschalabschreibung wird in der Praxis aber auch oft eine individuelle Abschreibung vorgenommen. Als Ausgangspunkt hierfür dient der Zeitwert. Da hierbei sowohl die Höhe der noch als verkäuflich anzusehenden Auflage als auch der voraussichtlich zu erzielende Erlös geschätzt werden muß, birgt diese Methode erhebliche Unsicherheitsfaktoren, weshalb einer Pauschalabschreibung, bei der sich etwaige Fehler zum größten Teil ausgleichen, unbedingt der Vorzug zu geben ist.

Bei der Bemessung der Abschreibungen auf Verlagswerte ist ein grundsätzlicher Unterschied zu machen, ob es sich um Regelabschreibungen oder um Sonderabschreibungen handelt. Während Sonderabschreibungen lediglich zur Anpassung an den gesunkenen Zeitwert bzw. an den steuerlichen Teilwert vorgenommen werden können, richten sich die Regelabschreibungen nicht nach dem inneren Wert des betreffenden Verlagsrechtes. Da sich wie beim Firmenwert hierfür aus den handelsrechtlichen Vorschriften keine einheitlichen Grundsätze ableiten lassen und die wirtschaftliche Lebensdauer ebenfalls nicht feststeht, kann die Bemessung der Regelabschreibungen auf Verlagswerte nur nach Maßgabe des im Charakter der Verlagserscheinung begründeten Risikos erfolgen.

Dieses Risiko richtet sich vornehmlich nach dem Anklang der betreffenden Verlagserscheinung beim Publikum und nach den inneren Bindungen, die die Verlagserscheinung mit ihren Lesern hat. Hieraus läßt sich die theoretisch mögliche Lebensdauer ableiten, die der technischen Lebensdauer von Verschleißanlagen entspricht. Rein wirtschaftliche Faktoren, die durch die Organisation oder die Finanzierung der Verlagsunternehmung bedingt sind, gehören nicht hierzu, weil diese zwar die Lebensfähigkeit und die Ertragskraft der Zeitung beeinflussen, ihren Niederschlag aber im Zeitwert des Verlagsrechtes finden und deshalb bei der Bemessung von Sonderabschreibungen berücksichtigt werden. Für die Bindungen einer Verlagserscheinung mit ihrer Leserschaft ist vor allem ihr geistiger Inhalt von Bedeutung. Ein gut eingeführtes konfessionelles Blatt wird in Gegenden mit streng kirchlich eingestellten Bevölkerungskreisen immer einen stetigen Absatz haben. Das gleiche gilt für eine Heimatzeitung in einer Provinzstadt, die hauptsächlich feste Abnehmer hat und keine Konkurrenz befürchten muß. Eine großstädtische Boulevard-Zeitung dagegen, die im Straßenhandel vertrieben wird, ist in starkem Maße von einer etwaigen Geschmacksänderung der Abnehmerschaft abhängig und kann leicht zur Bedeutungslosigkeit herabsinken. Auch Parteiblätter oder Zeiterscheinungen wie die „Toto-Zeitung" können sehr schnell den Großteil ihrer Leserschaft verlieren und damit in ihrer Existenz bedroht werden.

Ähnliche Beispiele lassen sich für Zeitschriften geben. Eine Fachzeitschrift, die mit einer Organisation verbunden und unter Umständen allein berechtigt ist, deren Nachrichten zu verbreiten, kann mit einer Stetigkeit ihres Absatzes rechnen. Bei allen fachlich orientierten Zeitschriften, die über eine weit verstreute, meist feste Abnehmerschaft verfügen, dürfte das Absatzrisiko wesentlich geringer sein als bei Unterhaltungszeitschriften.

Aus diesen wenigen Beispielen ist ersichtlich, daß sich einheitliche Grundsätze für die Bemessung der Regelabschreibungen auf Verlagsrechte nicht aufstellen lassen. Die Abschreibungen müssen vielmehr immer individuell bemessen werden. Im Hinblick auf das beträchtliche Risiko, das in den oft sehr hohen Verlagswerten enthalten ist, sollte sich die Abschreibungsdauer auf eine nicht zu lange Zeitspanne erstrecken. In den meisten Fällen dürfte eine Abschreibung innerhalb von 10—20 Jahren als angemessen zu bezeichnen sein. Auf jeden Fall sollte eher eine zu kurze als eine zu lange Abschreibungszeit gewählt werden, da es für Zeitungsverlagsunternehmen immer erforderlich ist, mit Reserven ausgestattet zu sein. Die Gefahr einer unerwartet vordringenden Konkurrenz ist hier wesentlich größer als in anderen Branchen und kann jederzeit zu besonderen kostspieligen Anstrengungen in bezug auf Werbung, Ausstattung und Ähnlichem zwingen. Da hierdurch unter Umständen eine plötzliche Entwertung des Verlagsrechtes eintreten kann, muß sein Bilanzwert außerdem auch mit dem Zeitwert im Einklang stehen und erforderlichenfalls durch Sonderabschreibungen diesem angepaßt werden.

3. Die Ermittlung des Zeitwertes

Der Zeitwert von Verlagsrechten im engeren Sinne richtet sich nach den Ertragsaussichten des betreffenden Werkes, mit dem sie verbunden sind. Ist dieses Werk noch nicht hergestellt worden, so ergeben sich für die Zeitwertermittlung insofern Schwierigkeiten, als Vergangenheitswerte als Grundlage für die Beurteilung der Ertragschancen nicht herangezogen werden können. Darüber hinaus ist hierbei zu beachten, daß der Erwerb des Verlagsrechtes mit der immerhin bedeutenden Verpflichtung zur Herstellung und Verbreitung des Werkes verbunden ist. Die hierfür erforderlichen Kosten übersteigen aber in der Regel bei weitem die Investitionen für den Erwerb des Rechtes. Daraus ergibt sich, daß bei der Ermittlung des Zeitwertes für derartige Rechte ganz besondere Vorsicht geboten ist. In der Praxis wird der Zeitwert, der hier ohnehin nur dann von Bedeutung ist, wenn diese Rechte als Gegenstände des Anlagevermögens — und zwar nicht lediglich mit Erinnerungsposten — bilanziert werden, an Hand der zu erwartenden Erlöse geschätzt. Der Verleger errechnet sich auf Grund seiner Erfahrungen seine stückmäßigen Absatzchancen und multipliziert diese mit dem voraussichtlich zu erzielenden Einzelverkaufspreis. Hiervon werden dann die kalkulatorisch ermittelten Herstell- und Vertriebskosten in Abzug gebracht. Ein solcher Wert ist natürlich von zahlreichen Imponderabilien abhängig und kann daher nur als Anhaltspunkt für den Zeitwert dienen.

Ist das betreffende Werk dagegen bereits hergestellt, so wird das Verlagsrecht meist mit diesbezüglichen Beständen gemeinsam bilanziert, wobei wiederum die voraussichtlich erzielbaren Verkaufserlöse die Grundlage der Bewertung bilden. Für bereits erschienene bzw. schon in der Auswertung befindliche Werke ist die Ermittlung des Zeitwertes insofern einfacher, als auf Grund der bisherigen Entwicklung des Verkaufes gewisse Anhaltspunkte für die Zukunft gewonnen werden können. Trotzdem aber ist das Abschätzen des Zeitwertes einer noch nicht im Vertrieb befindlichen oder aber einer Restauflage äußerst schwierig, da nicht vorausgesehen werden kann, ob und in welchem Umfange die Auflage abgesetzt werden kann. Die Praxis behilft sich deshalb sehr häufig damit, daß sie sämtliche Verlagsbestände oder bestimmte Gruppen von Verlagserzeugnissen gemeinsam bewertet und dabei von den Herstellkosten ausgeht, von welchen dann aus der Erfahrung gewonnene Abschläge gemacht werden. Eine derartige Pauschalbewertung, die insbesondere für die Bemessung der Abschreibungen angewendet wird, hat den Vorteil des Risikoausgleichs. Dieser ist bei Buchverlagen deshalb von großer Bedeutung, weil nicht die einzelne Verlagserscheinung das Rückgrat der Unternehmung bildet, sondern sämtliche im Verlauf einer Periode erschienenen Werke. Nur durch eine genügend große Zahl möglichst verschiedenartiger Verlagserscheinungen kann der Verleger das Risiko soweit vermindern, daß ein Ausgleich zwischen verlustreichen und ertragsreichen Werken ermöglicht wird. Eine Pauschalbewertung erscheint daher durchaus vertretbar und zweckmäßig.

Bei Zeitungsverlags- und ähnlichen Unternehmungen bildet dagegen die einzelne Verlagserscheinung die Grundlage des Geschäftes. Wenn auch vielfach durch die Herausgabe mehrerer Blätter versucht wird, das Risiko zu vermindern, so ergeben sich doch hierbei keine derartig engen Bindungen zwischen den einzelnen Verlagserscheinungen wie bei den verschiedenen Werken eines Buchverlages. Während beim Buchverlag grundsätzlich damit gerechnet wird, daß verschiedene Werke einen Verlust erbringen, werden verlustverursachende Zeitungen oder Zeitschriften nur in den seltensten Fällen im Interesse anderer Verlagserscheinungen fortgeführt, es sei denn, daß andere als wirtschaftliche Gründe hierfür sprechen. Außerdem haben Rechte an periodischen Sammelwerken meist einen viel höheren Wert, und ihre Ausnutzung erstreckt sich auf einen wesentlich längeren Zeitraum. Deshalb erscheint eine Pauschalbewertung mehrerer Verlagsrechte im weiteren Sinne keinesfalls zweckmäßig, zumal sehr viele Zeitungsverlage lediglich ein Blatt herausgeben. Für die Festsetzung des Zeitwertes von Verlagsrechten im weiteren Sinne ist, wie bereits begründet wurde, allein der Ertragswert maßgebend. Seine Bestimmungsfaktoren sind im einzelnen schon erläutert worden, weshalb nunmehr nur noch auf die spezifischen Besonderheiten in bezug auf die Verlagswerte einzugehen ist.

Als Grundlage für den zukünftigen Reinertrag ist der durchschnittliche Reinertrag der Vergangenheit unter Berücksichtigung etwaiger neuer, den Ertrag beeinflussender Faktoren anzusehen. Es darf jedoch nur der Ertrag einer einzelnen Verlagserscheinung zu Grunde gelegt werden. Das bedeutet, daß die Kostenstellen- und Kostenträgerrechnung für Verlagsunternehmungen auch im Hinblick auf die Ermittlung der aktivierungsfähigen Anschaffungskosten bei originärem Erwerb eines Verlagsrechtes sowie für die Bemessung der Abschreibungen von erheblicher Bedeutung ist. Der Ertrag einer Zeitung oder eines ähnlichen periodischen Sammelwerkes wird am besten in der Art ermittelt, daß alle direkten Kosten der betreffenden Verlagserscheinung direkt zugerechnet werden. Hierzu gehören die Kosten der Schriftleitung und des Vertriebes sowie Papierkosten, Provisionen und auch Werbekosten, soweit sie nur für die betreffende Verlagserscheinung angefallen sind. Alle anderen Kosten, wie vor allem Verwaltungskosten, Nachrichtenkosten und Kosten der Werbung für die Unternehmung als Ganzes sind schlüsselmäßig aufzuteilen. Die Druckkosten werden am zweckmäßigsten zu Preisen verrechnet, wie sie eine fremde Druckerei in Rechnung stellen würde. Außerdem sind der Verlagserscheinung kalkulatorische Zinsen und gegebenenfalls auch ein kalkulatorischer Unternehmerlohn zu belasten. Schließlich müssen noch alle außerordentlichen Aufwendungen eliminiert werden. Die Zurechnung der Erträge ist dagegen relativ einfach, da sowohl die Verkaufserlöse als auch die Anzeigeneinnahmen direkt anfallen. Beispiele für die Ermittlung des Reinertrages von Verlagserscheinungen sowohl in gemischten Betrieben als auch in Betrieben ohne Druckerei enthält der Anhang 4.

Der zweite Bestimmungsfaktor des Ertragswertes ist die Zeit. Im allgemeinen wird hierfür der Wert „unendlich" zu Grunde gelegt, sofern nicht eine abschätzbare Lebensdauer vorliegt. Für die Bewertung von Verlagsrechten ist diese Handhabung insofern gerechtfertigt, als diese Rechte in der Regel dazu bestimmt sind, dauernd dem Unternehmen zu dienen, und darüber hinaus eingeführte Zeitungen und Zeitschriften meist eine sehr lange, nicht abschätzbare Lebensdauer haben. Es ist daher zweckmäßig, etwaige in der Zeitdauer begründete Risiken bei der Bemessung des Kapitalisierungsfaktors zu berücksichtigen, da dieser ohnehin auch anderen betrieblichen, risikovermindernden oder -erhöhenden Tatbeständen Rechnung zu tragen hat. Tatsächlich wird in der Praxis auch meist so verfahren.

Die größten Schwierigkeiten bei der Ermittlung des Ertragswertes liegen in der Festsetzung des Kapitalisierungszinsfußes. Hierbei kann nur ganz individuell vorgegangen werden. Während man bei der Bewertung der Unternehmung als Ganzes meist vom Durchschnittswert zwischen dem landesüblichen Zinssatz und dem Branchenzins ausgeht, kann bei Zeitungverlagsrechten nur der Branchenzins als Grundlage dienen, da hier nur die Risikofunktion, nicht aber die Verzinsung zum Ausdruck kommen soll. Dieser richtet sich nach der branchenüblichen Rendite, die aber nur aus der Erfahrung heraus abzuschätzen oder auf Grund von Branchenuntersuchungen zu ermitteln ist. Da eine solche im Rahmen der vorliegenden Arbeit nicht durchgeführt werden kann und insbesondere in der Zeitungsbranche auch nur sehr schwer durchzuführen ist, wurde für die Berechnung der Ertragswerte bei den im Anhang 4 angeführten Beispielen ein Branchenzins von 10 % angenommen. Tatsächlich konnte die Beobachtung gemacht werden, daß die Praxis sowohl in der Zeit vor dem Kriege als auch in neuerer Zeit mit diesem Zinssatz rechnete.

Der Branchenzins allein, der auf Grund allgemeiner Erfahrungen oder auf Grund von Branchenuntersuchungen noch auf einen einheitlichen Nenner gebracht werden kann, ist aber allein nicht für die Höhe des Kapitalisierungsfaktors bestimmend. Sehr entscheidend für die Bemessung des Kapitalisierungszinsfußes ist auch die Abschätzung der mit der Herausgabe der betreffenden Verlagserscheinung verbundenen Risiken. Diese können nur von Fall zu Fall ermittelt bzw. geschätzt werden. Es gehören hierzu nicht nur die voraussichtliche Lebensdauer der Verlagserscheinung, sondern auch alle anderen die Entwicklung oder den Ertrag beeinflussenden Faktoren, z. B.: Auflagenentwicklung, Kostengestaltung, Entwicklung der Werbungskosten sowie die Zusammensetzung der Erlöse. Die in der Praxis gebräuchlichsten Anhaltspunkte für die Abschätzung dieser Risiken sind:

a) Verhältnis der Verkäufe an Abonnenten und an freie Bezieher (Straßenhandel). Ein höherer Anteil an Abonnements vermindert das Risiko, der Freiverkauf erhöht das Risiko.

b) Auch die Zusammensetzung der Wechsel der Abonnenten ist mitbestimmend für das Risiko. Festbesoldete Beamte und Angestellte sowie treue Abonnenten verringern, Arbeiter und freie Gewerbetreibende sowie häufiger Wechsel der Abonnenten erhöhen das Risiko.

c) Die Bevölkerungsdichte bzw. die Dichte der für die Abnahme der Verlagserscheinung in Frage kommenden Bevölkerungskreise sowie die Zahl der bisher erfaßten potentiellen Abnehmer ist ebenfalls recht bedeutend. Noch nicht genutzte Ausdehnungsmöglichkeiten sind günstig zu veranschlagen.

d) Der geistige Inhalt bzw. die Richtung der Verlagserscheinung ist insofern von Bedeutung, als bestimmte Bezieherkreise auf bestimmte Zeitungen und Fachzeitschriften nicht verzichten können oder wollen. Die Eigenschaft als Börsenpflichtblatt oder Staatsanzeiger ist ein Sicherheitsfaktor, während ein evangelisch ausgerichtetes Blatt in rein katholischen Gegenden besonders risikobehaftet ist. Eine Fachzeitschrift, die als offizielles Organ der betreffenden Berufsvertretung anzusehen und deren Abnahme unter Umständen sogar Pflicht der Mitglieder dieses Berufsstandes ist, dürfte absatzmäßig als gesichert anzusehen sein.

Schließlich müssen noch alle bereits unter Abschnitt C III 1a erwähnten Punkte Berücksichtigung finden, wobei das Verhältnis zu anderen Verlagserscheinungen — insbesondere ausgesprochene Konkurrenzblätter — eine wesentliche Rolle spielt.

Aus dieser Aufzählung, die keinen Anspruch auf Vollständigkeit erheben soll, ergibt sich, wie schwierig die Festsetzung des Kapitalisierungsfaktors in der Praxis ist. Im wesentlichen wird es immer darauf ankommen, die Schätzung der voraussichtlichen Lebensdauer bzw. des angemessenen Branchenzinssatzes vorzunehmen. Alle anderen Faktoren können nur von Fall zu Fall bestimmt werden und nach vorsichtigen, sorgfältigen Erwägungen risikovermindernde oder -erhöhende Berücksichtigung finden. Einige Beispiele hierfür sind im Anhang 4 wiedergegeben.

4. Spezielle Bewertungsregeln für Verlagsrechte

Zusammenfassend können für die Bewertung von Verlagsrechten in Ergänzung zu den unter Abschnitt C II genannten allgemeinen Bewertungsregeln folgende spezifische Grundsätze aufgestellt werden:

1. Als Anschaffungskosten originär entstandener Verlagsrechte sind die Einführungsverluste einer einzelnen Verlagserscheinung anzusehen, wobei vom Einführungsaufwand die in der Periode der Einführung erzielten Erlöse in Abzug zu bringen sind.

2. Zum Einführungsverlust gehören auch Betriebs- und Verwaltungskosten sowie in gewissem Umfange auch Vertriebskosten, jedoch sind Sonderverluste durch eine unrentable Verwaltung oder durch unzweckmäßigen Vertrieb hierbei auszusondern.

3. Generelle Regeln für die Erfassung der aktivierungsfähigen Einführungskosten lassen sich nicht aufstellen. Sie müssen im Einzelfall mit der nötigen Sorgfalt und Vorsicht ermittelt werden.

4. Der Einführungsaufwand einer Zeitung oder Zeitschrift darf nicht durch Erträge einer anderen oder auch derselben Verlagserscheinung eliminiert werden. Gegebenenfalls muß eine monatliche Abgrenzung der Kosten — insbesondere aller einmaligen Aufwendungen — vorgenommen werden.

5. Als Anschaffungskosten für von Dritten erworbene Verlagsrechte an periodischen Sammelwerken ist der Erwerbspreis anzusehen. Obergrenze der Bewertung ist der Zeitwert. Dieser richtet sich nach dem Ertragswert.

6. Bei einheitlicher Bemessung des Kaufpreises für das gesamte Verlagsunternehmen ist der Wert der materiellen Wirtschaftsgüter sowie der Wert anderer immaterieller Wirtschaftsgüter, wie der Firmenwert oder der Wert des Auftragsbestandes, vom Gesamtpreis in Abzug zu bringen.

7. Für die Ermittlung der aktivierungsfähigen Anschaffungskosten für Verlagsrechte im engeren Sinne erscheinen die allgemeinen Gesichtspunkte ausreichend. Obergrenze der Bewertung ist auf jeden Fall der tatsächlich aufgewandte Erwerbspreis zuzüglich etwaiger Erwerbsnebenkosten.

8. Die Abschreibung von Buchverlags- und ähnlichen Rechten, die zum Anlagevermögen gehören, soll in der Regel eine Zeitdauer von 5 Jahren nicht überschreiten und gegebenenfalls durch das Heruntergehen auf den Zeitwert bzw. den steuerlichen Teilwert ergänzt werden.

9. Buchverlags- und ähnliche Rechte, die zum Umlaufvermögen gehören, werden nach Maßgabe des Zeitwertes abgeschrieben. Zweckmäßig ist eine Pauschalabschreibung auf sämtliche oder auf bestimmte Gruppen von Verlagsbeständen.

10. Einheitliche Abschreibungsregeln für Verlagswerte lassen sich aus den handelsrechtlichen Vorschriften nicht ableiten. Eine gleichmäßige Abschreibung innerhalb von höchstens 10 bis 20 Jahren erscheint aber nach den Grundsätzen ordnungsgemäßer Bilanzierung nicht nur zweckmäßig, sondern sogar geboten.

11. Die Regelabschreibungen auf Verlagsrechte müssen durch Sonderabschreibungen ergänzt werden, wenn der Zeitwert dieser Rechte niedriger ist als der Buchwert.

12. Der Zeitwert von Verlagsrechten im engeren Sinne richtet sich nach den zu erwartenden Erlösen. Er wird durch Schätzung der noch absetzbaren Auflagen und des zu erzielenden Verkaufswertes ermittelt. Er kann aber auch in der Weise ermittelt werden, daß die Anschaffungskosten mehrerer oder aller Werke einheitlich und schlüsselmäßig abgeschrieben werden und der so errechnete Buchwert laufend mit den noch erzielten Erlösen abgestimmt wird.

13. Bei der Errechnung des Ertragswertes einer Zeitung oder Zeitschrift ist als Maßstab für die Ermittlung des zukünftigen Ertrages der Durchschnittsertrag der letzten Perioden zu Grunde zu legen, wobei aber absehbare zukünftige Ertragsminderungen oder -verbesserungen Berücksichtigung finden. Hierbei darf nur der Ertrag berücksichtigt werden, der der betreffenden Verlagserscheinung direkt zuzurechnen ist. Außergewöhnliche und einmalige Einflüsse müssen unberücksichtigt bleiben. Ebenso sind Vor- oder Nachteile, die sich aus dem Aufbau und der Organisation oder der Finanzierung des Unternehmens ergeben, auszuschalten.

14. Als Ertragsdauer wird am besten der Wert „unendlich" angesehen und dafür etwaige in der Zeitdauer begründete Risiken bei der Bemessung des Kapitalisierungszinsfußes berücksichtigt.

15. Als Kapitalisierungszinsfuß ist der Branchenzinssatz, der sich nach der branchenüblichen Rendite richtet, anzuwenden. Dieser wird korrigiert durch Zu- und Abschläge für in dem Betrieb oder Vertrieb des Zeitungsunternehmens begründete Sonderrisiken oder zusätzliche Ertragschancen, soweit sich diese auf die betreffende Verlagserscheinung beziehen.

D. Die Bewertung der Verlagsunternehmung und die Ermittlung des Firmenverlagswertes

Die Bewertung der Unternehmung als Ganzes ist „ein Problem, in dem fast alle wirtschaftlichen Wertfaktoren, die für die Unternehmung in Betracht kommen, kulminieren".[1] Es übersteigt die Aufgabe der vorliegenden Arbeit, die spezielle Problematik dieses für die betriebswirtschaftliche Praxis und Theorie so interessanten und aktuellen Themas näher zu erörtern. Wenn trotzdem abschließend bzw. in Ergänzung zu den vorstehenden Ausführungen auf dieses Gebiet kurz eingegangen wird, so allein deshalb, weil die Bewertung der Unternehmung als Ganzes die materielle Bilanzierung der Verlagsrechte im weiteren Sinne tangiert. Dies geschieht einerseits dadurch, daß bei der Veräußerung oder dem Erwerb von Verlagsrechten an periodischen Sammelwerken häufig ein einheitlicher Kaufpreis für das ganze Unternehmen festgesetzt wird. Zum anderen wird der Firmen- oder auch Betriebsbestehenswert einer Verlagsunternehmung, der zur besseren Unterscheidung im Rahmen dieser Arbeit als Firmenverlagswert bezeichnet wurde, sowohl in der Praxis als auch in der einschlägigen Literatur oft mit dem Verlagswert, nämlich dem Verlagsrecht an einem periodischen Sammelwerk, verwechselt. Der Firmenverlagswert aber ist abhängig vom Gesamtwert der Unternehmung und kann nur aus diesem heraus verstanden und ermittelt werden.

Der Gesamtwert der Unternehmung ist der Ertragswert, wobei unter Ertrag der zukünftige betriebliche Reingewinn zu verstehen ist. Dies geht allein schon aus der Tatsache hervor, daß eines der wesentlichsten Kriterien der Unternehmung das Gewinnstreben ist, auf das der Sinn und der Zweck der Unternehmung ausgerichtet sind. Zur Erreichung dieses Zweckes — aber auch nur deshalb — werden in der Unternehmung Produktionsmittel zusammengefaßt, wofür mitunter eine beträchtliche Kapitalbindung erforderlich ist. Die zur Gründung bzw. zur Erhaltung einer Unternehmung vorgenommenen Investitionen haben also nicht eine reine Kapitalansammlung, sondern die Erreichung eines bestimmten Zweckes zum Ziel. Deshalb kann nie die in der Unternehmung gebundene Kapitalmenge, sei sie nun auf der Grundlage der Anschaffungs- oder an Hand der Reproduktionskosten ermittelt, den Wert der Unternehmung als Ganzes ausmachen. Allein

---

[1] W. Hasenack im Vorwort zu Mellerowicz, Der Wert...

bestimmend hierfür ist vielmehr, in welchem Umfange das gesteckte Ziel erreicht werden kann, wofür der Ertrag als Maßstab zu Grunde zu legen ist. Ganz besonders gilt dies für Unternehmungen, deren Gegenstand der Verlag einer Zeitung oder Zeitschrift ist, da der wesentlichste Wertbestandteil einer derartigen Unternehmung das Verlagsrecht an der betreffenden Verlagserscheinung ist, dessen wirtschaftlicher Wert nur durch den zukünftigen Ertrag bestimmt wird. Die ursprünglich zur Schaffung eines Verlagswertes getätigten Investitionen bzw. die erforderlichen Reproduktionskosten — d. h. der Sachwert des Verlagsrechtes — spielen dabei keine Rolle, da Verlagswerte nicht fungible Wirtschaftsgüter sind. In der Praxis des Verlagsgewerbes wird dies durch die Tatsache belegt, daß das für den Erwerb einer Zeitung oder Zeitschrift gewährte Entgelt die ehemals aufgewandten oder auch schätzungsweise neu aufzuwendenden Einführungskosten in der Regel bei weitem übersteigt.

Die Maßstäblichkeit des Ertrages für die Bestimmung des Gesamtwertes der Unternehmung, die lange Zeit sehr umstritten war, wird heute mehr und mehr anerkannt. Auf dem 2. Kongreß der U.E.C. in Brüssel vom 11. bis 16. September 1955 wurde bei der Erörterung dieses Themas dahingehend Übereinstimmung erzielt, „daß regelmäßig der zu erwartende Ertrag den Wert der Unternehmung bestimmt".[2]

Hinsichtlich der dabei anzuwendenden Methoden besteht jedoch weder in der Praxis noch in der Literatur Übereinstimmung. Auf dem oben genannten Kongreß fand eine — hauptsächlich in den angelsächsischen Ländern angewandte — Methode starken Anklang, die den Gesamtwert der Unternehmung nach folgender Formel errechnet:

Gesamtwert = Substanzwert + Goodwill bzw. Geschäftswert

Hierbei wird das Goodwill nach der sogenannten direkten Teilertragsmethode berechnet, d. h. durch Kapitalisierung des um die Verzinsung des Substanzwertes gekürzten Gewinnes. Daneben wird auch die Gesamtertragsmethode angewendet, die bei der Kapitalisierung den gesamten Reinertrag — einschließlich Unternehmerlohn, Eigenkapitalverzinsung und branchenübliche Verzinsung des Gesamtkapitals — zu Grunde legt.

In Deutschland wird dagegen wohl ausschließlich die indirekte Methode für die Berechnung des Geschäftswertes in Anwendung gebracht. Hierbei wird der Geschäftswert vom Gesamtwert der Unternehmung abgeleitet und bildet somit nicht mehr eine Komponente für die Ermittlung des Gesamtwertes. Der Gesamtwert der Unternehmung ergibt sich aus der Diskontierung der in Zukunft zu erwartenden

2 W. Dietrich, Unternehmenswert — Betriebsvergleich — Offene und stille Reserven in „Die Wirtschaftsprüfung" 1956 Nr. 9, S. 194.

Erträge auf einen bestimmten Stichtag. Seine Bestimmungsfaktoren sind — wie oben bereits erwähnt wurde —

die Ertragsdauer,
der in Zukunft erzielbare Reinertrag und
der Kapitalisierungszinsfuß.

Bei der Berechnung der Dauer der Ertragsmöglichkeit behilft sich die kaufmännische Praxis in der Regel mit der Fiktion, daß diese nicht beschränkt ist. Etwaig hieraus resultierende Risiken werden durch eine entsprechende Bemessung des Kapitalisierungszinsfußes berücksichtigt.

Hinsichtlich der Ermittlung des zukünftigen Reinertrages finden die betreffend die Verlagswerte niedergelegten Grundsätze entsprechend Anwendung. Ein Unterschied besteht hierbei nur darin, daß der Rohertrag eines Verlagsrechtes um anteilige kalkulatorische Zinsen zu vermindern ist, da nicht der Ertrag einer investierten Kapitalmenge, sondern nur der eines Rechtes ermittelt werden soll. In dem zu kapitalisierenden Ertrag der Unternehmung müssen dagegen die Zinsen mit enthalten sein, weil hier der Ertrag einer Kapitalanlage festzustellen ist. Wenn also Fremdzinsen oder entsprechend dem heutigen betrieblichen Kostendenken kalkulatorische Zinsen auf das Gesamtkapital als Aufwand behandelt worden sind, so müssen diese dem betrieblichen Gesamtgewinn zugeschlagen werden.[3]

Die schwierigste Aufgabe bei der Ermittlung des Ertragswertes einer Unternehmung ist die Berechnung des Kapitalisierungszinsfußes. Die hierüber in der Praxis und in der Literatur bestehenden unterschiedlichen Meinungen wurden an anderer Stelle[4] schon gestreift.

Tatsächlich lassen sich hierfür keine allgemeingültigen Regeln aufstellen, da der Kapitalisierungszinsfuß von Fall zu Fall individuell berechnet werden muß. Hierbei sind zwei Funktionen[5] des Zinses zu berücksichtigen. Einmal die Verzinsung der investierten Kapitalmenge — zum Zwecke der Vergleichbarkeit — und zum anderen die Berücksichtigung der Risiken, die sich im Ertrag selbst nicht oder nur unsicher ausdrücken lassen, gegebenenfalls einschließlich des in der Zeitdauer der Ertragsmöglichkeit begründeten Risikos. Da es im Rahmen dieser Arbeit hauptsächlich auf die Methodik ankommt, wurde der Bemessung der effektiven Zinshöhe bei den im Anhang 4 beigefügten Beispielen keine allzu große Bedeutung zugelegt. In Anlehnung an die Praxis wurde von dem Durchschnitt landesüblicher Zinssätze und der

---

[3] Vgl. Mellerowicz, Der Wert..., S. 61; ähnlich Kolbe, a. a. O., S. 36, unter Hinweis auf die Rentabilitätsformel

$$\text{Rentabilität} = \frac{\text{Betriebskapitalgewinn} \cdot 100}{\text{betriebsnotwendiges Kapital}}.$$

[4] Siehe Abschn. C I 7.

[5] Mellerowicz, Der Wert..., S. 76.

Branchenzinssätze ausgegangen. Der Branchenzinssatz wurde auf Grund von Sonderrisiken der betreffenden Verlagserscheinungen und die Durchschnittszinssätze wegen zusätzlicher Risiken der Unternehmungen als Ganzes bzw. der wirtschaftlichen Situation variiert.

Die im Anhang 4 nach diesen Grundsätzen ermittelten Gesamtwerte einzelner Verlagsunternehmungen bildeten den Ausgangspunkt für die Berechnung der Firmenverlagswerte. Der Firmenverlagswert ist — wie schon erwähnt wurde — die Differenz zwischen dem Gesamtwert (= Ertragswert) und dem Substanzwert der Unternehmung. Die Grundsätze für die Berechnung des Substanzwertes wurden ebenfalls bereits dargestellt. Es sei in diesem Zusammenhang aber noch darauf hingewiesen, daß es sich hierbei um den Substanzwert der Unternehmung, also des Gesamtkapitals handelt, weshalb das Fremdkapital nicht in Abzug zu bringen ist.

Die dargestellten Beispiele zeigten eindeutig, daß sich zwischen dem Gesamtwert der Unternehmung und seinem Substanzwert — einschließlich des Verlagswertes — stets noch eine Differenz ergibt. Diese ist der Firmenverlagswert. Hieraus ist ersichtlich, daß Firmenverlagswert und Verlagswert, d. h. der Wert eines Verlagsrechtes im weiteren Sinne, nicht identisch sind. Letzterer gehört vielmehr zum Substanzwert der Unternehmung, während der Firmenverlagswert der Geschäftswert oder das Goodwill einer Verlagsunternehmung ist.

Anhang

Anhang 1

Verlagsrechte in den Bilanzen von 32 Aktiengesellschaften[1]

A. Zeitungs- und Zeitschriftenverlage

1. *Ullstein A.G., Berlin*

Diese Gesellschaft gibt zur Zeit verschiedene Zeitungen und Zeitschriften heraus, deren älteste die 1898 erstmalig — von der Firma Ullstein & Co. — herausgegebene „Berliner Morgenpost" ist und die heute mit über 200 000 Druckexemplaren die größte Auflage aller Berliner Tageszeitungen hat. Die Entstehung von Verlagswerten aus dieser Zeit ist nicht bekannt, da der Verlag zunächst eine Personengesellschaft und später eine Gesellschaft mit beschränkter Haftung war (Berliner Morgenpost G.m.b.H. — unter Beteiligung von August Scherl —). Erst 1932, nach Inkrafttreten der Verordnung über Aktienrecht vom 19. September 1931, weist der inzwischen in eine Aktiengesellschaft umgewandelte Verlag in seiner Bilanz einen Verlagswert aus, und zwar:

„Verlags- und Urheberrechte"

Zugang	RM 172 796,25
Abgang	RM 177 223,75
Bestandswert 31. Dezember 1932	RM 212 665,50

In den folgenden Jahresabschlüssen bis zum 31. Dezember 1936 fehlt diese Position, und im Geschäftsbereich von 1933 wird dazu bemerkt, daß „Verlags- und Urheberrechte, bei denen es sich um noch nicht verwertete Manuskripte handelt, in diesem Jahre nicht wie im Vorjahre im Anlagevermögen, sondern in den Rechnungsabgrenzungsposten enthalten sind". 1937 wurde der Verlag abermals umgewandelt, diesmal in eine Kommanditgesellschaft unter der Firma „Deutscher Verlag". Die Bilanzen der Gesellschaft sind somit nicht mehr veröffentlicht worden. Erst 1952 wurde die alte Ullstein AG. wieder neu gegründet. In den Bilanzen kommt nunmehr unter der Bezeichnung

---

[1] Die hier gemachten Angaben entstammen fast ausschließlich dem Handbuch der deutschen Aktiengesellschaften verschiedener Jahre, es wurden insbesondere benutzt: Jahrgang 1952/53, 1944 und 1943.

„Verlags- und Urheberrechte" ein Erinnerungswert von DM 1,— zum Ausweis. Nach Auskunft der Geschäftsleitung schreibt die Gesellschaft neuerdings die zur Erlangung eines Verlagswertes gemachten Aufwendungen — auch im Falle des derivativen Erwerbs — voll zu Lasten des laufenden Jahresergebnisses ab.

2. *Badenia, Verlag und Druckerei AG., Karlsruhe*

Die Gesellschaft verlegt u. a. die „Badische Volkszeitung", das „St. Konradsblatt und den „St. Konradskalender" und ist an verschiedenen anderen Verlagsunternehmungen beteiligt. Weder in älteren (1936 bis 1944) noch in neueren (nach 1948) Bilanzen dieser Gesellschaft sind „Verlagswerte" oder ähnliche Positionen enthalten.

3. *Schwabenverlag AG., Stuttgart*

Die Verlagserscheinungen dieser Gesellschaft sind u. a.: das „Deutsche Volksblatt" (Stuttgart), die „Aalener Volkszeitung", das „Katholische Sonntagsblatt" und der „Katholische Volks- und Hauskalender". Auch der Schwabenverlag weist weder in seinen Bilanzen vor 1945 noch in den neueren irgendwelche Verlagswerte aus.

4. *Industrie-Verlag und Druckerei AG., Düsseldorf*

Von dieser Gesellschaft wurden verschiedene Zeitungen und Zeitschriften herausgegeben (u. a. „Der Mittag", „Gas" und „Elektrowärme"). In der Bilanz per 31. Dezember 1936 war ein „Verlagswert" von RM 177 500,— enthalten. Später ging das Verlagsgeschäft auf die Droste Verlag und Druckerei KG über, von der es noch heute betrieben wird. Die Gesellschaft weist daher in ihren DM-Bilanzen keinen Verlagswert mehr aus.

5. *E. Gundlach AG., Bielefeld*

Die Gesellschaft befaßt sich u. a. mit dem Verlag von Zeitschriften und anderen Verlagsobjekten. In den Bilanzen dieser Gesellschaft wurden ausgewiesen:

31. Dezember 1932	„Verlag"	RM	30 000,—
31. Dezember 1933	„Verlag"	RM	30 000,—
31. Dezember 1934	„Verlag"	RM	10 000,—
31. Dezember 1935	„Verlag"	RM	14 000,—
31. Dezember 1936	„Verlag"	RM	1,—
31. Dezember 1938	„Verlag"	RM	54 601,—
31. Dezember 1939	„Verlag"	RM	60 601,—
31. Dezember 1940	„Verlag"	RM	60 601,—
31. Dezember 1941	„Verlag, Beteiligungen und Lizenzen"	RM	930 072,25
31. Dezember 1942	„Verlag"	RM	301 645,95
21. Juni 1948	„Verlag"	DM	—,—
31. Dezember 1949	„Lizenzen"	DM	13 000,—
31. Dezember 1950 u.ff.		DM	—,—

Die Veränderungen bei den Verlagswerten bezogen sich auf den An- bzw. Verkauf verschiedener Zeitungen und Zeitschriften. 1935 wurde auf Grund der Amann'schen Verordnung das Verlagsrecht an den „Westfälischen Neuesten Nachrichten" an die Zeitungsverlag Westfalen G. m. b. H. veräußert; ob und in welcher Höhe hierbei Buchgewinne erzielt wurden, konnte nicht ermittelt werden. Der Restwert 1935 sowie die Zugänge in 1938 und 1939 betreffen verschiedene gekaufte Zeitschriften. Ob und welche Veränderungen in den folgenden Jahren eingetreten sind, war aus den Bilanzen nicht ersichtlich.

6. *Flensborg Avis AG., Flensburg*

Der im Jahre 1930 gegründete Verlag gibt verschiedene Zeitungen und sonstige Drucksachen heraus. Verlagswerte oder ähnliche Positionen sind in seinen Bilanzen nicht enthalten.

7. *Zeitschriftenverlag AG., Berlin*

Der Verlag wurde 1931 gegründet und verlegte hauptsächlich die Zeitschriften „Neue Jugend", „Der Rundblick" u. a. Die in den beiden ersten Jahren des Bestehens der Gesellschaft entstandenen Verluste wurden per 31. Dezember 1932 als „Verlagswert" aktiviert: RM 648 000,—

Dieser Wert wurde, obwohl die Gesellschaft inzwischen Gewinne und steigende Umsätze erzielte, wie folgt abgeschrieben:

1933	RM 50 000,—	
1934	RM 60 000,—	
1935	RM 60 000,—	
1936	RM 90 000,—	RM 260 000,—
Bilanzwert per 31. Dezember 1936		RM 388 000,—

Im Kalenderjahr 1943 wurde die Gesellschaft in eine G. m. b. H. umgewandelt.

8. *Union Deutsche Verlagsgesellschaft AG., Stuttgart*

Die Gesellschaft verlegte mehrere Familien-, Unterhaltungs- und Jugendzeitschriften sowie sonstige illustrierte Werke und Jugendschriften. In den Bilanzen per 31. Dezember 1935 wurden „Verlagswerte" in Höhe von RM 30 001,— und per 31. Dezember 1936 in Höhe von RM 120 001,— ausgewiesen.

9. Die *Ostsee Druck und Verlags AG., Stettin*

wies per 31. Dezember 1936 „Verlagsrechte" in Höhe von RM 2,— aus.

10. Die *Bazar AG.*

eine Tochtergesellschaft der Ullstein AG., wies in ihrer Gründungsbilanz als „Verlagswert" für die Zeitschrift „Bazar" einen Betrag von

2,5 Mio. RM aus, der in die Goldmark-Eröffnungsbilanz mit RM 350 000,— eingestellt wurde. Bei der Kapitalherabsetzung im Jahre 1932 von RM 850 000 auf RM 350 000 wurde der entstandene Buchgewinn u. a. dazu benutzt, den Verlagswert voll abzuschreiben. 1937 wurde der Verlagswert von der Ullstein AG. käuflich erworben. Die Bazar AG. erbrachte bei ihrer Auflösung 1937 einen Liquidationserlös von 124 % des Aktienkapitals.

11. *Günther & Sohn AG., Berlin*
In diesem Verlag erschienen verschiedene Fachzeitschriften, und zwar u. a. „Die Lederwirtschaft", „Bäcker- und Konditorzeitung", „Deutsche Tischlerzeitung", „Elektrotechnischer Anzeiger". Im Zusammenhang mit einer Kapitalherabsetzung im Verhältnis 2 : 1 ermäßigte die Gesellschaft im Jahre 1932 u. a. ihren „Verlagswert" von rund 1,7 Mio. RM auf RM 305 000,—. In den folgenden Jahren erhöhte sich der Verlagswert durch Hinzukauf weiterer Verlagserscheinungen um RM 140 000,—, wohingegen Abschreibungen in Höhe von RM 35 000,— vorgenommen wurden, so daß per 31. Dez. 1935 ein Bestandswert von RM 410 000,— blieb. Im Jahre 1935 mußten die Verlagsrechte verkauft werden; der Verkaufserlös, der endgültig 1939 festgesetzt und vereinnahmt wurde, belief sich auf RM 455 000,— zuzüglich Zinsen in Höhe von RM 46 500,—.

12. Die *Mainzer Verlagsanstalt und Druckerei AG.*
verlegte seit 1908 den „Mainzer Anzeiger" und bilanzierte unter der Bezeichnung „Verlagsrechte" von 1924 bis 1935 unverändert einen Betrag von RM 150 000,—. Im Jahre 1935 wurde hierauf eine einmalige Abschreibung von RM 84 000,— vorgenommen, während das Jahr 1936 durch die Übernahme mehrerer Zeitschriften eine Erhöhung um RM 171 250,— auf RM 237 250,— brachte.

13. Die *Aktiengesellschaft für Druck und Verlag, Kassel*
weist in ihrer Bilanz zum 31. Dezember 1936 einen Erinnerungswert von RM 1,— unter der Bezeichnung „Verlagsrechtekonten" aus. Die Gesellschaft verlegte mehrere Zeitungen und Zeitschriften und ist in den folgenden Jahren erloschen bzw. umgewandelt worden.

14. Bei dem *Verlag Fleischerdienst AG., Hameln/Bonn*, der die Fleischer-Verbands-Zeitung verlegt, waren Angaben über die Bilanz nicht zu erhalten.

B. Buch- und sonstige Verlage sowie Verlage, deren Verlagserscheinungen nicht mehr bekannt sind

15. *Gerhard Stalling AG., Oldenburg, Verlags- und Buchdruckereiunternehmen*
Der Verlag weist in seiner Bilanz per 1. Dezember 1936 „Verlagsrechte" im Werte von RM 2100,— aus. In der Bilanz zum 31. Dezember 1942

sind unter der Bezeichnung „Verlagsrecht und Beteiligungen"
RM 106 902,— aktiviert. In den DM-Bilanzen (31. Dezember 1951 und
31. Dezember 1952) sind Verlagswerte nicht mehr ausgewiesen, es ist
jedoch anzunehmen, daß in der Position „Vorausbezahlte Honorare" derartige Werte enthalten sind. Außerdem bilanziert die Gesellschaft hohe
Bestände unter der Bezeichnung „Verlagsbestände" und „Angefangene
Arbeiten".

16. *Verlagsanstalt G. J. Manz, Buch- und Kunstdruck AG.*
Während in den DM-Bilanzen dieser Gesellschaft Verlagsrechte nicht
bilanziert werden, enthalten die RM-Bilanzen jeweils diverse Merkposten mit der Bezeichnung „Verlagsrechte".

17. Die *Universitätsdruckerei H. Stürtz AG., Würzburg,*
die Zeitschriften, schöngeistige Literatur, Notenstiche usw. verlegt
und druckt, weist in älteren noch in neueren Bilanzen irgendwelche
Verlagswerte aus.

18. Die *Deutsche Hausbücherei AG.*
(früher Hanseatische Verlagsanstalt AG.), Hamburg-Wandsbek, gab
Bücher und diverse Zeitschriften sowie sonstige Drucksachen heraus.
In der Bilanz der Gesellschaft per 31. Dezember 1936 ist unter der
Position „Konzessionen, Patente, Lizenzen, Marken und ähnliche
Rechte" ein Merkposten von RM 1,— enthalten. 1942 wurden dagegen
„Verlagsrechte" in Höhe von RM 110 101,82 bilanziert. Neue Bilanzen
lagen für diese Gesellschaft nicht vor. Außer den erwähnten Positionen
weisen die Bilanzen (insbesondere per 31. Dezember 1936) hohe „Ver-
lagsbestände" und hohe „Anzahlungen" aus.

19. *Kunstanstalten May AG.,*
Verlag für Kunstblätter, Stiche usw. 1952 wird unter der Position
„Verlagsobjekte" ein Merkposten von DM 1,— ausgewiesen. In älteren
Bilanzen weist dagegen das „Verlagskonto" einen Bestand von
RM 74 326,— (31. Dezember 1941) bzw. RM 86 286,— (31. Dezember
1942) aus.

20. Die *Reinhold Kühn AG., Berlin,*
Verlagsanstalt, Buchdruckerei und Papierhandlung, weist in ihren
DM-Bilanzen keinen Verlagswert aus. 1942 wurden unter der Position
„Patente und Lizenzen" RM 14 723,40 aktiviert; worum es sich hierbei
handelt, geht aus der Bilanz nicht hervor.

21. Auch die *Westfälische Vereinsdruckerei vorm. Coppenrothsche
    Buchdruckerei AG. in Münster,*

22. und die *Konkordia-Aktiengesellschaft für Druck und Verlag, Bühl*, beides vornehmlich Buchverlags- und Druckereiunternehmungen weisen weder in neueren noch in älteren Bilanzen irgendwelche Verlagsrechte aus.

23.—32.

Von 10 weiteren Verlagsaktiengesellschaften, bei denen es sich hauptsächlich um Buch- und Kunstverlage handelt, weisen lediglich zwei, die *Verlagsanstalt H. Klemm AG., Berlin*, und die *Verlag und Vertrieb (Vuvag) AG., Berlin*, in älteren Bilanzen „Verlagsrechte" aus. In den neuen Jahrgängen des Handbuchs für Aktiengesellschaften waren diese Gesellschaften nicht mehr angeführt, da sie inzwischen erloschen oder umgewandelt worden sind.

Anhang 2

Verlagsrechte in den Bilanzen von 20 Nichtaktiengesellschaften

A. Zeitungs- und Zeitschriftenverlage

1. *August Scherl-Verlag*

„In den Gründungsjahren des Verlages (1883—1895) hat der August Scherl-Verlag den ,Verlagswert' seiner Verlagserscheinungen nicht nach den im Verlagsgewerbe üblichen Grundsätzen errechnet, sondern mehr oder weniger willkürlich zum Ausgleich seiner Bilanzen geschätzt. Der Verlagswert des „Berliner Anzeigers" wurde ohne Begründung herauf- oder herabgesetzt, je nachdem die Firma sich in seinem Alleinbesitz befand oder neue Teilhaber aufgenommen bzw. Umwandlungen in der Gesellschaftsform vorgenommen wurden."[2] Erst mit Gründung der „Berliner Lokal-Anzeiger August Scherl G.m.b.H." im Jahre 1895 begann eine planmäßige und organische Entwicklung des Verlagswertes. Die jeweiligen Erhöhungen oder Herabsetzungen des Bilanzwertes waren durch Zu- und Abgänge von Verlagsrechten an verschiedenen Zeitungen und Zeitschriften begründet. Außerdem wurden Regelabschreibungen in Höhe von 3 % des jeweiligen Buchwertes sowie in einigen Fällen auch Sonderabschreibungen vorgenommen. Der bilanzmäßige Wert der Verlagsrechte bewegte sich in dieser Zeit zwischen 7 und 14,5 Mio. M.

In der Goldmark-Eröffnungsbilanz per 1. Januar 1924 wurde der Wert der verschiedenen Verlagsobjekte von der Gesellschaft mit rund 9,9 Mio. RM beziffert; in den folgenden Jahren wurden hierauf Abschreibungen in Höhe von 10 % des Buchwertes vorgenommen, die später unterblieben, da der RFH Regelabschreibungen[3] nicht an-

---

[2] Zitiert aus J. Schanz, a.a.O., S. 17.
[3] Vgl. Ausführungen unter Abschn. C I 6.

erkannte und die Handelsbilanz der Steuerbilanz möglichst angeglichen werden sollte. Die danach erfolgten Veränderungen der Verlagswerte, die von 1928—1943 einen Wert von 7 bis 8 Mio. RM hatten, bezogen sich somit ausschließlich auf den Zu- und Abgang von Verlagsrechten sowie auf Sonderabschreibungen (z. B. wegen Einstellung eines Verlagsobjektes). Erst in den Kriegsjahren wurden auf die Verlagswerte aus kriegsbedingten Gründen (Papierverknappung etc.) erstmalig wieder größere Abschreibungen vorgenommen.

Die Gesellschaft nahm in ihren Bilanzen eine Unterteilung in Anlage- und Umlaufvermögen nicht vor. Aus der Gruppierung der Verlagswerte in der Bilanz geht aber dennoch einwandfrei hervor, daß die Gesellschaft die Verlagsrechte an Zeitungen und Zeitschriften als Gegenstände des Anlagevermögens ansah. Die Aufwendungen für Verlagsrechte an Büchern und Bildern sowie sonstigen Objekten des Kunstverlages gingen jeweils direkt in die Herstellkosten ein und wurden somit als Bestand innerhalb der betreffenden Verlagsbestände erfaßt. Bestände an Artikeln, Romanen und Rätseln, die am Bilanzstichtag noch nicht zum Abdruck gelangt waren, wurden gesondert unter der Bilanzposition „Manuskriptebestand" ausgewiesen.

2. Eine andere Berliner *Verlagsgesellschaft m.b.H. „A"* gab seit 1913 verschiedene Modezeitschriften heraus. Die Gesellschaft bilanzierte bis 1930 einen Verlagswert von rund RM 90 000,— als Sonderposition in der Bilanz hinter dem Rechnungsabgrenzungsposten und schrieb ihn im Jahre 1931 wegen des erheblichen Umsatzrückganges ihrer Verlagserscheinungen voll ab. Nachträglich wurde diese Abschreibung jedoch wieder zurückgenommen und der Verlagswert in der alten Höhe bis 1934 fortgeführt. Im Geschäftsjahr 1935 erhöhte sich der Verlagswert infolge des Erwerbes des Verlagsrechtes für eine weitere Fachzeitschrift um etwa RM 15 000,—. Gleichzeitig wollte die Gesellschaft zur Abwendung des Konkurses (nachdem bereits im Geschäftsjahr 1934 eine Sanierung erfolgte) den Verlagswert um RM 300 000,— aufstocken. Im Hinblick auf im Rahmen eines Fachgutachtens geltend gemachte handelsrechtliche Bedenken und besonders auch unter Berücksichtigung der Tatsache, daß die Entwicklung der Verlagserscheinungen eine absteigende ungünstige Tendenz aufwies, wurde von dieser Aufwertung Abstand genommen.

3. Der „B-Verlag" verlegte in den ersten Nachkriegsjahren diverse Zeitschriften — insbesondere Fach- und Sportzeitschriften — sowie Bücher und sonstige Schriften. Infolge der besonderen wirtschaftlichen Verhältnisse in den Jahren nach 1945 konnte die Gesellschaft gleich im ersten Jahre ihres Bestehens mit Gewinn arbeiten, so daß eine Aktivierung von Einführungskosten nicht notwendig wurde. Infolgedessen weist die Gesellschaft in ihren Bilanzen (bis 1948) als „Verlagsrecht"

lediglich einen Betrag von RM 10 000,— aus, wobei es sich um den
Gegenwert für eine von der Militärregierung erteilte Lizenz handelt,
die einer der Gesellschafter bei der Gründung in die Gesellschaft ein-
brachte. Weitere Verlagsrechte erwarb die Gesellschaft bzw. nutzte sie
auf Grund von Lizenzverträgen aus. Die zum Teil recht erheblichen
Lizenzgebühren an die betreffenden Lizenzträger konnte die Gesellschaft aus den Überschüssen ihrer Verlagsgeschäfte decken. Die Honorare für diverse technische Bücher und sonstige Schriften verrechnete
die Gesellschaft als Herstellungskosten; gesondert auszuweisende Verlagswerte entstanden somit auch in dieser Branche des Verlags-
geschäftes nicht.

4. Die „C-Verlagsgesellschaft m.b.H." verlegt seit 1946 verschiedene
Zeitschriften. Die Verhältnisse waren bei dieser Gesellschaft ähnlich
gelagert wie bei dem Verlag unter Ziffer 3). Auch von ihr wurden
Lizenzabgaben gezahlt (1947 und 1948 zusammen rd. 3,3 Mio. RM),
Verlagswerte gelangten in den Bilanzen des Verlages nicht zum
Ausweis.

5. Eine andere Verlagsgesellschaft „D", die seit 1946 eine Tageszeitung verlegte, hatte das Verlagsrecht auf Grund eines Lizenzver-
trages zur Nutzung übertragen bekommen. Ein Verlagswert wurde
demgemäß nicht bilanziert. Auch diese Gesellschaft erzielte bereits im
ersten Jahre ihres Bestehens ein positives Geschäftsergebnis, während
im Geschäftsjahr 1949 erstmalig ein Verlust eintrat.

6. Eine im Jahre 1949 — also nach einer teilweisen Konsolidierung
der wirtschaftlichen Verhältnisse — gegründete westdeutsche Tageszeitung „E" verursachte im ersten Jahre ihres Bestehens Einführungsverluste in Höhe von rund DM 395 000,—. Bei der Einbringung dieser
Zeitung in eine neugegründete Gesellschaft, die sämtliche Aktiva und
Passiva der Vorgesellschaft übernahm, wurden diese Verluste als
„Verlagswert" der betreffenden Zeitung übernommen und in der Folgezeit, in der recht ansehnliche Gewinne erzielt werden konnten, in
gleichbleibender Höhe bilanziert. Bei dem Verkauf dieser Gesellschaft,
der einige Jahre später erfolgte, wurde ein beträchtlicher Verkaufs-
gewinn, der den bilanzierten Verlagswert bei weitem überstieg, erzielt.

7. Die Berliner Tageszeitung „F", die seit 1945 verlegt wird, bilanzierte bis zum 25. Juni 1948 unter der Bezeichnung „Verlagswert" das
Recht zur Nutzung des Verlagsrechtes, das von den Lizenzinhabern bei
der Gründung in die Gesellschaft mit RM 20 000,— eingebracht wurde.
In die steuerliche DM-Überleitungsbilanz wurde dieser Wert im Verhältnis 1 : 1 übernommen. Erst im Geschäftsjahr 1948/49 wurde das
Verlagsrecht auf Grund des katastrophalen Rückganges der Auflagen-

8*

höhe der betreffenden Zeitung (über 50 %) in voller Höhe abgeschrieben und nicht einmal mehr ein Erinnerungswert in Ansatz gebracht.

8.—9. Zwei weitere westdeutsche Verlage, die beide in der Hauptsache Fachzeitschriften herausgeben, bilanzieren ihre Verlagsrechte nicht. Sämtliche Kosten für den Erwerb von Rechten an Aufsätzen etc. werden in den Herstellkosten verrechnet.

B. Buch- und sonstige Verlage

10. Der westdeutsche *Verlag „G"* gibt hauptsächlich Romanhefte und ähnliche Verlagserscheinungen heraus. Die Kosten für den Erwerb der diesbezüglichen Rechte werden ebenfalls in die Herstellkosten einbezogen. Auch die Verluste, die der Verlag bei dem Versuch, eine Wochenillustrierte einzuführen, zu verzeichnen hatte, wurden nicht als Verlagswert bilanziert.

11. Der *„H"-Verlag* in Berlin verlegt eine Fachzeitschrift und diverse Bücher, insbesondere deutsche Ausgaben ausländischer Schriftsteller. Verlagsrechte in irgendeiner Form wurden von diesem Verlag nicht bilanziert. Die für die Erlangung von Abdrucksrechten für Beiträge gemachten Aufwendungen wurden unmittelbar mit den Herstellkosten verrechnet und sind somit in den Verlagsbeständen enthalten.

12. Die *Gesellschaft „I"*, ein reiner Buchverlag, ist im Besitz diverser Verlagsrechte von hauptsächlich Filmstoffen. Diese Rechte wurden in der DM-Eröffnungsbilanz unter der Bezeichnung „Verlagsrechte" aktiviert.

13. Der *„J"-Verlag,* dessen Geschäftszweck Verlagsgeschäfte aller Art sind, befaßt sich in der Hauptsache mit der Ausnutzung und Verwertung von Musikrechten und damit zusammenhängenden Geschäften (z. B. Notendruck und -vertrieb). Dieser Verlag ist im Besitz der Verlagsrechte an einer sehr großen Anzahl von Musikstücken (Schlager, konzertante u. a. Musik). Wie wertvoll diese Rechte auch heute noch sind, zeigen die Erlöse aus diesbezüglichen Aufführungslizenzen, die sowohl 1953 als auch 1954 über DM 100 000,— betrugen und eine steigende Tendenz aufweisen. Diese Rechte bilanziert der Verlag seit Jahren unter der Bilanzposition „Verlagsrechte" mit einem Erinnerungswert von DM (RM) 1,—. In neuester Zeit wurde die Bilanzposition mit anderen Rechten unter der Bezeichnung „Konzessionen, Patente, Lizenzen, Marken und ähnliche Rechte" zusammengezogen. Soweit der Verlag neue Rechte erwirbt, gehen die hierfür gezahlten Entgelte in die Herstellkosten ein oder aber die Autorenhonorare werden durch Gewinnanteile abgegolten. — In der neuesten Vermögensteuer-Bilanz

wurden diese „Verlagsrechte" durch das Finanzamt mit DM 200 000,—
in Ansatz gebracht.

14. Ein anderer *Musikverlag* „X", bei dem die Verhältnisse sehr
ähnlich gelagert sind, weist seine Verlagsrechte nicht gesondert aus.

15. Der *Musikverlag* „K" bilanziert keine Verlagsrechte; die in dem
Verlag gebundenen Rechte stellen jedoch auch heute noch einen hohen
Wert dar.

16. Die bilanziellen Verhältnisse beim „L"-*Verlag* sind insofern interessant, als diese Gesellschaft als einzige aller untersuchten Firmen in
älteren Bilanzen neben ihren Verlagsrechten noch einen Firmenwert
bilanzierte.

Die Verlagsrechte wurden wie folgt ausgewiesen:

1930	4 109,55	„Verlagsbestand"
1931—1933	1,—	„Verlagsbestand"
1934	1,—	„Noten"
1935	3 561.58	„Bestände"
1936	3 000,87	„Bestände"
1937	1 657,86	„Noten"
ab 1938	—,—	—

Bei den Beständen handelt es sich um die jeweiligen Zugänge, die
in den betreffenden Jahren noch nicht zum Verkauf gelangt sind. Alle
anderen Zugänge sind direkt gegen die Umsätze verrechnet worden
(Bruttorechnung). Wertmäßig entfielen von den Herstellkosten etwa
rund 25—30 % auf Honorare für Komponisten und Textdichter.

17. Der „M"-*Verlag* befaßt sich insbesondere mit der Herstellung
und dem Vertrieb von Ansichtspostkarten, Kalendern, Glückwunsch-
adressen etc. Soweit es sich hierbei um Rechte an Fotografien handelt,
erwirbt der Verlag diese gegen Zahlung einer Lizenzgebühr, die in
Form einer prozentualen Beteiligung am Umsatz abgegolten wird.
Eigentumsrechte an den diesbezüglichen Negativen erwirbt der Verlag
nicht. Bei Malereien, Stichen etc. erwirbt der Verlag die Rechte zusammen mit den betreffenden Originalen gegen einen festen Preis.
Derartige Kosten werden unter der Bezeichnung „Originale" aktiviert
und in 18 Monaten abgeschrieben. Während somit die Verlagsrechte
für Fotografien überhaupt nicht bilanziert werden, sind diese bei
anderen Objekten in der Bilanzposition „Originale" enthalten.

18. Vom „N"-*Verlag*, der sich ebenfalls hauptsächlich mit dem Verlag
von Ansichtspostkarten und Fotografien befaßte, wurden Verlagsrechte
nicht bilanziert. Honorarzahlungen und Kosten für Originale im Zu-

sammenhang mit dem Erwerb der Vervielfältigungsrechte wurden direkt mit den Herstellkosten der betreffenden Artikel verrechnet oder in Form von Gewinnanteilen abgegolten.

19. Der *Adreßbuch-Verlag* „O" hat sein Verlagsrecht derivativ erworben und den hierfür bezahlten Kaufpreis in Höhe von rund DM 70 000,— als „Verlagsrecht" bilanziert. Obwohl nach anfänglich günstigen Jahresergebnissen in der Folgezeit beträchtliche Verluste eintraten, wurden auf den Wert des Verlagsrechtes zunächst keine Abschreibungen vorgenommen.

20. Ein anderer *Adreßbuch-Verlag* bilanzierte seine Verlagsrechte ebenfalls als gesonderte Bilanzposition, und zwar in Höhe von rund DM 90 000,—. Der Wert dieser Verlagsrechte wurde damit begründet, daß dem Hauptgesellschafter in dieser Höhe eine Entschädigung für die geistigen Urheberrechte gezahlt worden war. Die Berechtigung der Aktivierung dürfte hiernach mindestens zweifelhaft sein. Auch dieser Verlag nahm trotz erheblicher Betriebsverluste keine Abschreibungen auf das Verlagsrecht vor.

Anhang 3

Die Einführungskosten verschiedenartiger Verlagserscheinungen in Gegenüberstellung zu den Erlösen

Im folgenden werden insgesamt 10 Beispiele gebracht, die die Verschiedenartigkeit der Einführungskosten bei einzelnen Verlagserscheinungen veranschaulichen sollen. Die verschiedenen Kosten- und Erlösarten wurden hierbei jeweils in Beziehung zu den insgesamt erzielten Erlösen gesetzt, um einen Vergleich der Verlagsobjekte untereinander zu ermöglichen. Die so gewonnenen Verhältniszahlen können jedoch nur mit größter Vorsicht aufgenommen werden, da die Kostenaufteilung und -zurechnung in den untersuchten Unternehmungen nicht einheitlich war. Insbesondere wurden die Personalkosten teilweise den einzelnen Kostenstellen — Herstellung, Redaktion, Vertrieb und Verwaltung — zugerechnet und in anderen Fällen gesondert ausgewiesen. Auch bei einigen anderen Kostenarten erschien die Zurechnung nicht immer ganz einwandfrei. Eine Bereinigung der Kostengliederung war auf Grund des zur Verfügung stehenden Materials nicht möglich. Dennoch aber vermögen die angeführten Beispiele einen Anhaltspunkt dafür zu geben, wie unterschiedlich die Zusammensetzung und die Gewichtigkeit einzelner Kostenarten bei der Einführung verschiedenartiger Verlagserscheinungen sind.

I. Gegenüberstellung der Einführungskosten in Prozentsätzen vom Umsatz bei verschiedenartigen Verlagserscheinungen

	2 Tageszeitungen		2 Unterhaltungszeitschriften		2 Sportzeitschriften		4 Fachzeitschriften			
	A %	B %	C %	D %	E %	F %	G %	H %	J %	K %
a) Aufwendungen										
Herstellkosten					25,4	17,4				16,2
Papier	23,0	6,9	11,4				1,2	2,3	2,5	
Druck	53,1	21,7	38,6	⎫ 245,2			16,8	14,8	18,0	
Sonstiges	—	—	11,4				3,1	1,9	—	
Redaktionskosten										
Gehälter	10,9	1,6	8,0	⎭	16,8	1,1	23,8	23,2	25,6	2,6
Honorare	4,6	1,3	19,5		7,6	10,9	—		—	6,0
Nachrichten und Sonstiges										
Vertriebskosten										
Werbung	2,4	—	4,0	⎫		—	0,8	0,9	2,5	—
Allgemeines	—	6,3	1,0	55,5	8,1	13,7	23,8	12,5	18,0	40,0
Sonderkosten	2,9	29,6		⎭			—			
Verwaltungskosten	7,2	1,4	22,2		16,2	3,8	27,4	23,1	23,1	15,3
Personalkosten	10,8	7,8					—			
Sonstige Kosten	1,3	2,7			20,3	42,8	—			
Aufwendungen insgesamt	116,2	79,3	116,1	300,7	94,4	89,7	96,9	78,7	89,7	80,1
b) Erträge										
Vertriebserlöse	84,2	85,3	2,3	—	81,2	100,0	28,1	62,0	41,0	85,2
Anzeigenerlöse	15,4	14,7	97,7	100,0	18,8	—	71,9	38,0	59,0	14,8
Sonstige Erlöse	0,4	—					—			
Erträge insgesamt	100,0	100,0	100,0	100,0	100,0	100,0	100,0	100,0	100,0	100,0
c) Gewinn/Verlust	—16,2	20,7	—16,1	—200,7	5,6	10,3	3,1	21,3	10,3	19,9

II. Einzelbeispiele

1. Tageszeitung A

a) Ein westdeutsches Verlagsunternehmen bilanzierte und bewertete das Verlagsrecht an einer nach der Währungsreform eingeführten Tageszeitung in Höhe des ihm im ersten Jahr des Erscheinens der betreffenden Verlagserscheinung entstandenen Verlustes, der sich folgendermaßen zusammensetzt:

	DM	%	DM	%
a) *Aufwendungen*				
Personalkosten			263 000,—	10,8
Redaktionskosten				
Nachrichten	111 000,—	4,6		
Honorare	265 000,—	10,9	376 000,—	15,5
Verwaltungskosten			176 000,—	7,2
Werbekosten			59 000,—	2,4
Sonstige Kosten			32 000,—	1,3
Verlagskosten insgesamt			906 000,—	37,2
Herstellkosten				
Druck	1 293 000,—	53,1		
Papier	560 000,—	23,0	1 853 000,—	76,1
Sonderkosten des Vertriebes			70 000,—	2,9
Aufwendungen insgesamt			2 829 000,—	116,2
b) *Erträge*				
Vertriebserlöse	2 049 000,—	84,2		
Anzeigenerlöse	376 000,—	15,4		
Sonstige Erlöse	9 000,—	0,4		
Erträge insgesamt			2 434 000,—	100,0
Einführungsverlust			395 000,—	16,2

In den folgenden beiden Jahren erzielte dieses Zeitungsunternehmen bereits Gewinne, die annähernd den Einführungsverlust deckten. Die Druckauflage hatte sich bis dahin auf durchschnittlich rund 100 000 Exemplare pro Tag entwickelt. Eine Abschreibung auf den aktivierten Verlagswert wurde nicht vorgenommen.

b) Nach den aktienrechtlichen Bewertungsvorschriften wären aus dem Einführungsverlust in Höhe von   DM 395 000,—
folgende nichtaktivierungsfähigen
Kosten auszugliedern:

Überhöhte Personalkosten der Verwaltung ca.	30 000,—	
sonstige Verwaltungskosten	6 000,—	
sonstige Kosten — anteilig —	9 000,—	
Sonderkosten des Vertriebes	70 000,—	DM 115 000,—

Der aktivierungsfähige Einführungsver-
lust dieser Zeitung würde demnach nur   DM 280 000,—

betragen. Der nicht zu aktivierende Betrag in Höhe von DM 115 000,—
ist dagegen auf die zunächst unrentable Verwaltung (überhöhter
Personalbestand, zu hoher Raumbedarf etc.) sowie auf Sonderverluste
beim Vertrieb zurückzuführen. Die normalen Vertriebskosten sind
dagegen nicht im Aufwand der Unternehmung enthalten, da der
Verlag den Vertrieb der Zeitung einem Dritten überlassen hat und
dementsprechend nur Nettoerlöse (abzüglich Vertriebsprovisionen)
ausweist.

c) Eine weitergehende Analyse der Ergebnisrechnung dieser Verlagserscheinung zeigt, daß auch der zu Ziff. b) ermittelte Einführungsverlust nicht den tatsächlichen Anschaffungskosten des Verlagswertes entspricht. Die Aufteilung des insgesamt im ersten Jahr des
Erscheinens der Zeitung erzielten Ergebnisses zeigt folgendes Bild:

1. bis 3. Monat	Verlust DM 210 000,—
4. bis 6. Monat	Verlust DM 170 000,—
7. bis 9. Monat	Verlust DM 100 000,—
1. bis 9. Monat insgesamt	Verlust DM 480 000,—
10. bis 12. Monat	Gewinn DM 85 000,—
1. bis 12. Monat insgesamt	Verlust DM 395 000,—

Ausgangspunkt für die Ermittlung der aktivierungsfähigen Anschaffungskosten ist demnach nicht der insgesamt im ersten Jahr
eingetretene Verlust, da dieser bereits durch betriebliche Gewinnergebnisse der letzten drei Monate beeinträchtigt wurde; Ausgangspunkt für die Bewertung ist vielmehr der Verlust der ersten drei
Quartale   in Höhe von   DM 480 000,—

Hiervon sind als nichtaktivierungsfähig
in Abzug zu bringen:

Sonderkosten des Vertriebes   70 000,—

überhöhte Personal- und Verwaltungs-
kosten ca.   45 000,—   DM 115 000,—

Die   aktivierungsfähigen   Anschaffungs-
kosten des Verlagswertes betrugen somit   DM 365 000,—

Der in der Bilanz der Unternehmung ausgewiesene Verlagswert von
DM 395 000,— ist demnach um etwa DM 30 000,— zu hoch.

2. Tageszeitung B

Diese Verlagsunternehmung erzielte bereits nach zwei Monaten ihrer
Geschäftstätigkeit aus ihrer im November 1945 erstmalig heraus-

gegebenen Tageszeitung einen beträchtlichen Gewinn. Die Ergebnis-rechnung dieses Unternehmens zeigt für die beiden ersten Monate des Erscheinens der Zeitung folgendes Bild:

	RM	%	RM	%
a) *Aufwendungen*				
Personalkosten			55 000,—	7,8
Redaktionskosten				
Honorare	11 000,—	1,6		
Sonstiges	9 000,—	1,3	20 000,—	2,9
Verwaltungskosten			10 000,—	1,4
Werbekosten			—,—	
Sonstige Kosten			19 000,—	2,7
Verlagskosten insgesamt			104 000,—	14,8
Herstellkosten				
Druck	152 000,—	21,7		
Papier	48 000,—	6,9	200 000,—	28,6
Vertriebskosten				
Allgemeiner Vertrieb	44 000,—	6,3		
Sonderkosten	207 000,—	29,6	251 000,—	35,9
Aufwendungen insgesamt			555 000,—	79,3
b) *Erträge*				
Vertriebserlöse	597,000,—	85,3		
Anzeigenerlöse	103 000,—	14,7	700 000,—	100,0
Gewinn			145 000.—	20,7

Diese Verlagsunternehmung bilanzierte — abgesehen von der ein-gebrachten und als „Verlagswert" ausgewiesenen Lizenz — keinen Verlagswert für ihre Verlagserscheinung. Die Auflagenhöhe der Zei-tung betrug bereits nach zweimonatigem Erscheinen im Durchschnitt rund 250 000 Stück pro Nummer und stieg in der Folgezeit zunächst weiter an. Im zweiten Jahr des Erscheinens begann jedoch eine rück-läufige Tendenz der Auflagenhöhe, die nach der Währungsreform dann sehr stark zurückging und Ende 1954 bereits unter 50 000 Stück lag. Die Verlagsgesellschaft hatte dadurch vor und nach der Währungs-reform erhebliche Verluste. Die Einführung dieser Zeitung war durch die seinerzeit herrschende Papierknappheit stark begünstigt, weil ihr als lizenzierte Zeitung ausreichend Papier zur Verfügung gestellt wurde.

3. Unterhaltende Zeitschrift C

Bei der Neueinführung einer politisch-satirischen Zeitschrift kurz nach der Währungsreform fielen in den ersten 9 Monaten des Erschei-nens folgende Aufwendungen und Erträge an:

	DM	%	DM	%
a) *Aufwendungen*				
Herstellkosten				
Druck	115 000,—	38,6		
Papier	34 000,—	11,4		
Ätzungen, Korrekturen etc.	34 000,—	11,4	183 000,—	61,4
Redaktionskosten				
Gehälter	24 000,—	8,0		
Honorare	58 000,—	19,5	82 000,—	27,5
Werbungskosten			12 000,—	4,0
Vertriebskosten			3 000,—	1,0
Verwaltungskosten			66 000,—	22,2
Aufwendungen insgesamt			346 000,—	116,1
b) *Erträge*				
Vertriebserlöse	291 000,—	97,7		
Anzeigenerlöse	7 000,—	2,3	298 000,—	100,0
Verlust			48 000,—	16,1

Der Einführungsverlust wurde zum größten Teil von anders gearteten Erträgen der betreffenden Unternehmung eliminiert und nicht als Verlagswert bilanziert.

Die Auflagenentwicklung zeigte ein günstiges Bild, und zwar betrugen durchschnittlich:

Druckauflage	in den ersten drei Monaten	rd. 45 000 = 100 %
verkaufte Auflage	in den ersten drei Monaten	rd. 30 000 = $66^2/_3$ %
Druckauflage :	in den letzten drei Monaten	rd. 45 000 = 100 %
verkaufte Auflage	in den letzten drei Monaten	rd. 44 000 = 98 %

4. Unterhaltende Zeitschrift D

Eine im Jahre 1954 erstmalig erschienene westdeutsche Wochen-Illustrierte verursachte in den ersten 12 Monaten ihres Erscheinens einen Einführungsverlust von fast 1 Mio. DM. Dieser Verlust ergibt sich aus der Gegenüberstellung der erzielten Erlöse und der Herstellkosten; diese betrugen:

	DM	%
Herstellkosten	1 677 000,—	245,2
Erlöse	684 000,—	100,0
Rohverlust	993 000,—	145,2

In den Herstellkosten sind lediglich die reinen Druckkosten und Honorare enthalten. Der Verlust enthält mithin keinerlei Betriebs- und Verwaltungskosten, die bei einer entsprechenden — in der betreffenden Unternehmung jedoch nicht vorgenommenen — Kostenaufteilung den Einführungsverlust noch erhöhen würden. Bei einer prozentual nach Maßgabe der Herstellkosten vorgenommenen Umlage der nicht verrechneten Kosten würde die Erhöhung des Einführungsverlustes etwa DM 380 000,— oder 55,5 % betragen. Hierbei ist ferner zu berücksichtigen, daß diese Zeitschrift von einem Verlag herausgegeben wurde, der daneben eine ganze Reihe anderer gut eingeführter Verlagserscheinungen (Zeitschriften, Romanhefte usw.) verlegt. Die Verlagsorganisation war also, wenn auch nicht für diese spezielle Zeitschrift, bereits geschaffen.

Die finanzielle Lage dieses Unternehmens führte infolge Zahlungsschwierigkeiten zu einem außergerichtlichen Vergleich und zur Einstellung der betreffenden Zeitschrift. Der Vergleichsverwalter lehnte es ab, den Einführungsverlust zu aktivieren, wodurch bei einem Stammkapital von rund DM 20 000,— eine Unterbilanz von etwa DM 500 000,— entstand. Die Ablehnung der Aktivierung war durch die Entwicklung der Illustrierten nicht begründet. Bei einer anfänglichen Druckauflage von rund 150 000 Exemplaren, von denen etwa 80 000 Exemplare abgesetzt wurden, war eine stetig steigende Tendenz der Auflagenziffern zu verzeichnen. Im vierten Quartal 1954 betrugen diese: Druckauflage 210 900, verkaufte Auflage 158 900, Frei- bzw- Werbeexemplare 1100, verbreitete Auflage mithin 160 000. Nach Ansicht der Verleger, die auch von dem sachverständigen Vergleichsverwalter geteilt wurde, hätten die Einführungsschwierigkeiten bei einer zusätzlichen Liquiditätsreserve von etwa DM 500 000,— überwunden werden können.

Die Einstellung der Zeitschrift war somit, wie die Entwicklung der Auflagenziffern beweist, nicht eine Ursache des schlechten Anklanges beim Publikum. Sie wurde vielmehr durch das Fehlen finanzieller Mittel bedingt. Den anfänglichen Einführungsverlusten hätten bei einer Fortführung der Zeitschrift in späteren Jahren zweifellos Gewinne gegenübergestanden. Eine Aktivierung der Einführungsverluste als Verlagswert wäre somit gerechtfertigt gewesen, und zwar in Höhe von DM 993 000,—. Im Hinblick auf die finanziellen Schwierigkeiten des Unternehmens, die schließlich zur Einstellung der Zeitschrift führten, wäre jedoch andererseits zum Zeitpunkt der Einstellung bzw. dann, als sich die Unmöglichkeit der Fortführung ergab, eine Sonderabschreibung in voller Höhe des Verlagswertes erforderlich gewesen. Hiermit wäre auch dem Grundsatz der Vorsicht, insbesondere im Hinblick auf einen eventuellen Konkurs der Unternehmung, genügt worden.

5. *Zwei Sportzeitschriften E und F*

Die Ergebnisrechnungen zweier bereits in der RM-Zeit herausgegebener Sportzeitschriften zeigen im ersten Jahr des Erscheinens der beiden Objekte folgendes Bild:

	Zeitschrift E		Zeitschrift F	
	RM	%	RM	%
a) *Aufwendungen*				
Druckkosten einschließlich Papier	154 000,—	25,4	93 000,—	17,4
Honorare	102 000,—	16,8	6 000,—	1,1
Materialbeschaffungskosten	—,—	—	47 000,—	8,8
Sonstige Redaktionskosten	46 000,—	7,6	11 000,—	2,1
Vertriebskosten	49 000,—	8,1	73 000,—	13,7
Verwaltungskosten	98 000,—	16,2	20 000,—	3,8
Vertragliche Abgaben	123 000,—	20,3	228 000,—	42,8
	572 000,—	94,4	478 000,—	89,7
b) *Erträge*				
Verkaufserlöse	492 000,—	81,2	533 000,—	100,0
Anzeigenerlöse	114 000,—	18,8	—,—	—
	606 000,—	100,0	533 000,—	100,0
Gewinn	34 000,—	5,6	55 000,—	10,3

Eine nennenswerte Konkurrenz hatten diese Blätter zur Zeit ihrer Einführung nicht. Beide Verlagserscheinungen erzielten auch in der Folgezeit noch recht beachtliche Gewinne, was vor allem auf die Erhöhung der Auflagenziffern zurückzuführen war. So verzeichnete die Zeitschrift E zum Beispiel im zweiten Geschäftsjahr pro Heft im Durchschnitt bereits eine verkaufte Auflage von fast 30 000 Exemplaren, während im Einführungsjahr durchschnittlich nur 17 000 Exemplare verkauft werden konnten.

6. Drei Fachzeitschriften G, H und J

Die Aufwendungen und Erträge dreier im gleichen Verlag und etwa zur gleichen Zeit erstmalig erschienener Fachzeitschriften zeigten am Ende der ersten Abrechnungsperiode folgende Zusammensetzung:

	Zeitschrift G		Zeitschrift H		Zeitschrift J	
	DM	%	DM	%	DM	%
a) *Aufwendungen*						
Druckkosten	4 300,—	16,8	3 200,—	14,8	700,—	18,0
Papier	300,—	1,2	500,—	2,3	100,—	2,5
Sonstige Herstellkosten	800,—	3,1	400,—	1,9	—,—	—
Redaktionsgehälter	—,—	—	—,—	—	—,—	—
Honorare	6 100,—	23,8	5 000,—	23,2	1 000,—	25,6
Werbungskosten	200,—	0,8	200,—	0,9	100,—	2,5
Vertriebskosten	6 100,—	23,8	2 700,—	12,5	700,—	18,0
Verwaltungskosten	7 000,—	27,4	5 000,—	23,1	900,—	23,1
Aufwendungen insgesamt	24 800,—	96,9	17 000,—	78,7	3 500,—	89,7
b) *Erträge*						
Vertriebserlöse	7 200,—	28,1	13 400,—	62,0	1 600,—	41,0
Anzeigenerlöse	18 400,—	71,9	8 200,—	38,0	2 300,—	59,0
Erträge insgesamt	25 600,—	100,0	21 600,—	100,0	3 900,—	100,0
Gewinn	800,—	3,1	4 600,—	21,3	400,—	10,3

Die Zeitschriften waren zum Zeitpunkt der Erstellung obiger Ergebnisse erschienen:

Zeitschrift G 6mal
Zeitschrift H 4mal
Zeitschrift J 1mal

Die Druckauflage betrug im Durchschnitt
Zeitschrift G 1600 Exemplare
Zeitschrift H 4300 Exemplare
Zeitschrift J 1500 Exemplare

Die Einführung dieser Zeitschriften wurde dadurch begünstigt, daß die betreffenden Interessenvertretungen, deren Fachrichtung die Verlagserscheinungen zum Inhalt hatten, die Herausgabe wesentlich förderten. So wurden beispielsweise kostenlos Fachnachrichten zur Verfügung gestellt und darüber hinaus in 2 Fällen auch ein Mindestumsatz garantiert.

Dieses Beispiel zeigt ferner, daß selbst bei verhältnismäßig gleichartigen Verlagserscheinungen, die den gleichen Verlag haben und zur gleichen Zeit herausgegeben werden, eine völlig andere Zusammensetzung der Kosten zu verzeichnen sein kann. Besonders unterschiedlich ist der jeweilige Anteil der Honorare und der Vertriebskosten an den Gesamtkosten. Auch der schwankende Anteil der Anzeigenerlöse an den Gesamterlösen ist recht bemerkenswert.

7. Fachzeitschrift K

Eine andere 1946 erstmalig erschienene Fachzeitschrift K erbrachte ebenfalls nach 6monatigem Erscheinen bereits einen Gewinn, der sich wie folgt errechnet:

	RM	%	RM	%
a) *Aufwendungen*				
Druckkosten einschl. Papier			70 000,—	16,2
Honorare	11 000,—	2,6		
Sonstige Redaktionskosten	26 000,—	6,0	37 000,—	8,6
Vertriebskosten			173 000,—	40,0
Verwaltungskosten			66 000,—	15,3
			346 000,—	80,1
b) *Erträge*				
Verkaufserlöse	368 000,—	85,2		
Anzeigenerlöse	64 000,—	14,8	432 000,—	100,0
Gewinn			86 000,—	19,9

Die Auflagenziffern pro Heft entwickelten sich bei dieser Verlagserscheinung wie folgt:

	1.Viertel-jahr	2.Viertel-jahr	2. Halb-jahr	3. Halb-jahr	4. Halb-jahr
Druckauflage	18 100	21 100	26 600	25 200	25 100
verkaufte Auflage	17 300	20 600	26 400	25 000	24 100

Anhang 4

Beispiele für die Ermittlung des Zeitwertes von Verlagswerten

*1. Berechnung des Verlagswertes einer von einer Einzelfirma
verlegten Provinzzeitung*

Die Ergebnisrechnung der Unternehmung zeigte im Geschäftsjahr 1936
nach kalkulatorischen Gesichtspunkten folgendes Bild:

	Verlag RM	Druckerei RM	Haus-verwaltung RM	insgesamt RM
a) *Direkte Aufwendungen*				
Papier	29 300,—	5 000,—	—,—	34 300,—
Farben	—,—	1 900.—	—,—	1 900,—
Stereotypie	—,—	2 500.—	—,—	2 500,—
Austrägerlöhne	49 500,—	—,—	—,—	49 500,—
Sonstige Löhne	10 900,—	41 000,—	1 400,—	53 300,—
Gehälter u. soziale Abgaben	14 200,—	13 900,—	500,—	28 600,—
Redaktionskosten	20 000,—	—,—	—,—	20 000,—
Sonstige Kosten	37 000,—	25 600,—	1 900,—	64 500,—
Abschreibungen	1 500,—	8 600,—	900,—	11 000,—
Zinsen auf Fremd-kapital	—,—	1 200,—	2 500,—	3 700,—
	162 400,—	99 700,—	7 200,—	269 300,—
b) *Umsätze mit Fremden*	258 800,—	20 500,—	4 200,—	283 500,—
c) *Bilanzergebnis*	96 400,—	—79 200,—	— 3 000,—	14 200,—
zuzügl. außerordentl. wendungen a)	1 000,—	1 300,—	—,—	2 300,—
	97 400,—	—77 900,—	— 3 000,—	16 500,—
d) *Verrechnung innerbetrieblicher Leistungen und kalku-latorischer Kosten*				
Zeitungsdruck	—87 000,—	87 000,—	—,—	—,—
Raummieten	— 3 000,—	— 3 000,—	6 000,—	—,—
Zinsen	— 1 600,—	1 600,—	—,—	—,—
Kalkul. Untern.-Lohn	— 4 000,—	— 2 000,—	—,—	— 6 000,—
e) *Bereinigtes Betriebs-ergebnis*	1 800,—	5 700,—	3 000,—	10 500,—

a) Diese Aufwendungen sind in den sonstigen Kosten enthalten und müssen deshalb
dem Ergebnis zugeschlagen werden.

Es wurde unterstellt, daß die Ergebnisrechnung dieses Unternehmens in den vorausgegangenen Jahren kein wesentlich anderes Bild zeigte und das bereinigte Betriebsergebnis somit dem Durchschnittsergebnis entsprach und daß auch in Zukunft keine besonderen, das Ergebnis beeinflussenden Faktoren zu erwarten waren. Die dargestellte Ergebnisrechnung konnte deshalb sowohl für die Berechnung des Verlagswertes als auch für die Bewertung der Unternehmung selbst als Grundlage herangezogen werden. Ergänzend seien zu dieser Ergebnisrechnung noch folgende Erläuterungen gegeben.

Bei der Ermittlung des Reinertrages wurden zunächst die in den sonstigen Kosten enthaltenen außerordentlichen Aufwendungen eliminiert, da derartige Aufwendungen — oder Erträge — das Ergebnis nicht beeinflussen dürfen. Um den auf das reine Zeitungsgeschäft entfallenden Teil des Reinertrages zu berechnen, wurden alsdann die innerbetrieblichen Leistungen der Druckerei und der Hausverwaltung verrechnet. Die Bemessung der Zeitungsdruckkosten erfolgte auf Grund von Durchschnittspreisen pro Exemplar, wobei auch ein kalkulatorischer Gewinnaufschlag Berücksichtigung fand. Die Umlage der Raummieten erfolgte — ebenfalls nach Durchschnittspreisen — im Verhältnis der genutzten Räumlichkeiten. Ferner wurde von den Zinsen auf das in der Druckerei investierte Fremdkapital der Teil auf das Zeitungsgeschäft umgelegt, der einer Verzinsung von 10 % auf den durchschnittlichen Bestand der Anzeigenforderungen in Höhe von RM 16 000,— entsprach. Schließlich kam noch ein kalkulatorischer Unternehmerlohn von RM 6 000,— zur Verrechnung, von dem etwa zwei Drittel auf den Zeitungsverlag entfielen.

Für die Berechnung des Zinsfußes bei der Kapitalisierung des Reinertrages aus dem Verlagsgeschäft wurde zunächst ein branchenüblicher Zins von 10 % angenommen. Dieser erhöhte sich um einen Zuschlag für das durch die Zusammensetzung der Zeitungserlöse bedingte Sonderrisiko. Während nach einer Untersuchung des Vereins der Deutschen Zeitungsverleger[4] im Jahre 1936 die Anzeigenumsätze im Durchschnitt 36 % der Gesamtumsätze betrugen, beliefen sie sich bei der untersuchten Unternehmung nur auf etwa RM 76 000,—, was einem Anteil von nur 29 % (von RM 258 800,—) an den Gesamtumsätzen entspricht. In dieser Relation wurde eine Beeinträchtigung der Ertragschancen gesehen, die in der relativ niedrigen Rendite aus dem Zeitungsverlag zum Ausdruck kam und mit einem Zuschlag von 2 % zum Branchenzins bei der Kapitalisierung berücksichtigt wurde. Da sonstige Sonderrisiken mit dem Verlag der betreffenden Zeitung nicht verknüpft waren, betrug der Ertragswert mithin

$$\frac{1\ 800,- \times 100}{12} = \underline{\underline{15\ 000,-\ \text{RM}}}$$

---

4 Der Zeitungsverlag 1938, Nr. 1, S. 4 ff. Tabelle B.

Will man neben dem Verlagswert der Zeitung auch den Firmenwert der Unternehmung, den Firmenverlagswert, berechnen, so ist bei der Kapitalisierung des Reinertrages zur Bestimmung des Gesamtwertes der Unternehmung von folgenden Erwägungen auszugehen:

Landesüblicher Zins		4 %
Branchenzins	10 %	
zuzügl. Sonderrisiko des Verlages	2 %	12 %
im Durchschnitt		8 %
Sonderrisiko der Druckerei		1 %
Kapitalisierungszinssatz		9 %

Das besondere Risiko der Druckerei ergab sich aus der Tatsache, daß die Umsätze im Akzidenz-Geschäft nur 7 % des Zeitungsumsatzes betrugen, während üblicherweise hierbei 23 % angenommen werden können[5]. Da bei der Bestimmung des Gesamtwertes der Unternehmung Zinsen nicht als Aufwand zu berücksichtigen sind, war das insgesamt erzielte Betriebsergebnis von RM 10 500,— um die Aufwand-Zinsen in Höhe von RM 3 700,— auf RM 14 200,— zu erhöhen. Die Kapitalisierung des Gesamtreinertrages ergab somit als Gesamtwert der Unternehmung:

$$\frac{14\,200,- \times 100}{9} = \underline{157\,777,-} = \text{rd. } \underline{158\,000,-\text{ RM}}$$

Zur Feststellung des Geschäftswertes oder Firmenverlagswertes ist der Gesamtwert der Unternehmung dem Sachwert gegenüberzustellen:

		RM
Gesamt-Ertragswert		158 000,—
abzüglich Sachwert		
Aktiv-Vermögen zu Zeitwerten	140 000,—	
Verlagswert w. o.	15 000,—	155 000,—
Der Firmenverlagswert betrug mithin		3 000,—

Aus diesem Beispiel ist eindeutig ersichtlich, daß der Verlagswert einer Zeitung nicht mit dem Firmenwert der Verlagsunternehmung identisch ist.

2. Berechnung des Verlagswertes einer mittleren Provinzzeitung

Das Unternehmen erzielte in den drei Jahren 1934, 1935 und 1936 einen durchschnittlichen Reinertrag von RM 68 000,—. Hierbei wurden betriebs- und periodenfremde Aufwendungen und Erträge ausgesondert und ein kalkulatorischer Unternehmerlohn verrechnet. Kalkulatorische Zinsen für das investierte Kapital blieben dagegen zunächst unberücksichtigt. Der Gesamtertrag verteilt sich auf folgende Abteilungen:

[5] Der Zeitungsverlag 1938, Nr. 1, S. 4 ff. Tabelle A.

9 Teske, Bilanzierung

	RM
Zeitungsverlag	21 000,—
Druckerei	31 000,—
Hausverwaltungen	8 500,—
Zinsen für Bankguthaben	7 500,—
	68 000,—

Für die Berechnung bzw. Zurechnung kalkulatorischer Zinsen ist die Kenntnis der in den verschiedenen Geschäftszweigen investierten Mittel erforderlich, die sich aus dem Status der Unternehmung ableiten lassen:

	RM
Grundstücke und Gebäude zu Einheitswerten	190 000,—
Maschinen und Betriebseinrichtung zu Zeitwerten	200 000,—
Umlaufvermögen abzüglich Wertberichtigungen	140 000,—
Bankguthaben (Festgeld)	250 000,—
Sachwert ohne Verlagswert	780 000,—
zuzüglich Verlagswert — siehe unten —	140 000,—
Sachwert insgesamt	920 000,—

Von den insgesamt investierten Mitteln entfielen — abgesehen vom Verlagswert — auf den Verlag RM 70 000,—. Der oben angegebene Ertrag von RM 21 000,— war daher um kalkulatorische Zinsen in Höhe von RM 7 000,— (10 % a/ 70 000,—) zu vermindern. Der Reinertrag des Verlagsrechtes betrug danach RM 14 000,—. Besondere Risiken waren im Verlagsgeschäft nicht enthalten; als Kapitalisierungszinsfuß fand deshalb der branchenübliche Zinssatz von 10 % Anwendung. Der Verlagswert betrug somit

$$\frac{14\,000,- \times 100}{10} = 140\,000,- \text{ RM}$$

Der Firmenverlagswert der Unternehmung errechnet sich demgegenüber wie folgt:

Landesüblicher Zinsfuß	4 %
Branchenzins	10 %
Durchschnitt	7 %
Ertragswert $\dfrac{68\,000,- \times 100}{7} =$ rd.	RM 970 000,—
abzüglich Sachwert — w. oben —	RM 920 000,—
Firmenverlagswert	RM 50 000,—

Auch dieses Beispiel läßt erkennen, daß neben dem Verlagswert noch ein Firmenverlagswert besteht.

3. Berechnung des Verlagswertes einer deutschen Tageszeitung

Die durchschnittliche Ergebnisrechnung eines deutschen Zeitungsunternehmens, deren Verlagsobjekt im Lohndruck hergestellt wurde, zeigt für ein Geschäftsjahr nach 1949 unter kalkulatorischen Gesichtspunkten folgendes Bild:

	DM
Vertriebserlöse	3 314 000,—
Anzeigenerlöse	1 007 000,—
Zeitungsumsätze	4 321 000,—
Herstellkosten (Druck und Papier)	2 583 000,—
Redaktionskosten (Nachrichten und Honorare)	442 000,—
Vertriebskosten (einschließlich Anzeigenverwaltung)	508 000,—
Verwaltungskosten	237 000,—
Personalkosten	389 000,—
Zeitungsaufwendungen	4 159 000,—
Ergebnis der Zeitung	162 000,—
Sonstige Erträge	19 000,—
Betriebsergebnis	181 000,—
Außergewöhnliche Aufwendungen	8 000,—
Ergebnis insgesamt	173 000,—

Die in dem Unternehmen investierten Mittel waren — abgesehen von dem aktivierten Verlagswert — ausschließlich durch Fremdkapital in Höhe von rd. DM 500 000,— gedeckt. Bei einem angenommenen Branchenzins von 10 % würde sich der Ertrag aus der Zeitung um DM 50 000,— mindern. Außerdem blieben Unternehmergehälter in Höhe von DM 12 000,— unberücksichtigt, so daß der Reinertrag aus der Zeitung nur mit DM 100 000,— zu veranschlagen war. Bei der Bemessung des Kapitalisierungszinsfußes war neben dem Branchenzins zu berücksichtigen, daß ein anderer Verlag in Kürze ein Konkurrenzblatt herauszubringen beabsichtigte. In Zukunft war daher mit einer verstärkten Werbung zu rechnen, die bei der Kapitalisierung mit einem Zuschlag von 2 % berücksichtigt wurde. Der Verlagswert würde demnach rund

$$\frac{100\,000,— \times 100}{12} = 830\,000,— \text{ DM}$$

betragen haben.

Anderseits war das Unternehmen durch Verträge an eine bestimmte Druckerei zu relativ hohen Preisen gebunden, die nicht gelöst werden konnten, da kein ausreichendes Eigenkapital zur Verfügung stand. Da die Möglichkeit einer weiteren Preiserhöhung durchaus gegeben war,

9*

hatte das Zeitungsunternehmen ein weiteres zusätzliches Risiko zu tragen, das aber nicht beim Verlagswert, sondern beim Gesamtwert des
Unternehmens zu berücksichtigen war, weil es lediglich durch die Art
der Finanzierung bedingt war. Ein potentieller Käufer der Zeitung
jedoch, der nicht an der Übernahme der Druckverträge gebunden war,
konnte sich auf Grund verminderter Druckkosten zusätzliche Ertragschancen errechnen. Da er eine eigene Druckerei besaß, veranschlagte
er die zu erwartende Ertragsverbesserung mit 4 % und bemaß den Verlagswert auf

$$\frac{100\,000,- \times 100}{8} = \underline{\underline{1\,250\,000,- \text{ DM}}}$$

Tatsächlich wurde ein ähnlicher Preis bei der Veräußerung der betreffenden Zeitung auch erlöst.

Die Berechnung des Firmenwertes des Verlages wäre dagegen wie
folgt vorzunehmen:

	DM
Betriebsergebnis	181 000,—
abzüglich kalkulatorischer Unternehmerlohn	12 000,—
Reinertrag	169 000,—

Bei Fortführung des Geschäftes unter den gegebenen Umständen
würde sich der Kapitalisierungszinsfuß belaufen auf:

Landesüblicher Zinsfuß		8 %
Branchenzins	10 %	
Sonderrisiko des Verlages	2 %	12 %
Durchschnitt		10 %
Sonderrisiko auf Grund der Finanzierung		3 %
Kapitalisierungszinsfuß		13 %

			DM
Ertragswert der Unternehmung $\frac{169\,000,- \times 100}{13}$ =			1 300 000,—
abzüglich Sachwert			
Investitionen zu Zeitwerten		500 000,—	
Verlagswert s. oben		830 000,—	1 330 000,—
Firmenverlagswert			— 30 000,—

Neben dem Wert des Verlagsrechtes war der Unternehmung also ein
Firmenwert nicht beizulegen, was den tatsächlichen Verhältnissen
entsprach, da bei Verkauf der Zeitung zwar ein dem Verlagswert
entsprechender Erlös gewährt, die Firma selbst aber stillgelegt wurde.

4) Berechnung der Verlagswerte in einer Unternehmung, die mehrere Verlagserscheinungen verlegt

Der im Durchschnitt mehrerer Jahre erzielte Ertrag des untersuchten Unternehmens, dessen Verlagserscheinungen alle im Lohndruck hergestellt wurden, zeigt folgende Aufteilung auf die einzelnen Verlagserscheinungen:

	Rohertrag	Kalkulatori-scheZinsen[a]	Reinertrag
	RM	RM	RM
a) G e w i n n e			
Zeitschrift A	96 000,—	15 000,—	81 000,—
Zeitschrift B	54 000,—	10 000,—	44 000,—
Zeitschrift C	35 000,—	10 000,—	25 000,—
Buchverlag	20 000,—	5 000,—	15 000,—
Zeitschrift D	11 000,—	2 000,—	9 000,—
Zeitschrift E	11 000,—	5 000,—	6 000,—
Zeitschrift F	10 000,—	3 000,—	7 000,—
	237 000,—	50 000,—	187 000,—
b) A b z ü g l i c h V e r l u s t e			
Zeitschrift C	2 000,—	2 000,—	4 000,—
Kalender	22 000,—	8 000,—	30 000,—
	24 000,—	10 000,—	34 000,—
c) G e s a m t e r g e b n i s	213 000,—	60 000,—	153 000,—

a) Die kalkulatorischen Zinsen wurden mit 10 % (Branchenzins) auf das investierte Kapital berechnet und im Verhältnis der Herstellkosten umgelegt.

Der Branchenzins von 10 % wurde für die einzelnen Verlagserscheinungen aus folgenden Gründen variiert:

Zeitschrift A	beide Blätter waren Neuerscheinungen, deren Zukunftsaussichten noch nicht abzu-	
Zeitschrift B	sehen waren; 10 % + 2 %	= 12 %
Zeitschrift C	stark steigende Tendenz der Durchschnitts-erlöse bei relativ gleichbleibenden Wer-bungskosten 10 % ./. 2 %	= 8 %
Zeitschrift D	— wie zu A und B —	= 12 %
Zeitschrift E	fallende Durchschnittserlöse und sinkende Auflagen trotz erhöhter Werbungskosten 10 % + 3 %	= 13 %
Zeitschrift F	steigende Auflage bei verstärkter Werbung 10 % ./. 1 %	= 9 %

Für den Buchverlag wurde ein Verlagswert nicht berechnet, da das positive Ergebnis nur durch einen „Schlager" verursacht worden war, während diverse andere verlegte Bücher Verluste erbrachten. Der

Wert der Verlagsrechte im engeren Sinne ist in den Buchbeständen enthalten.

Auch dem Kalender war ein Verlagswert nicht beizulegen; seine Herausgabe sollte wegen der anhaltenden Verluste eingestellt werden. Die Zeitschrift G dagegen sollte trotz der Verluste im Firmeninteresse weiterhin herausgegeben werden; ihr negativer Wert mindert den Firmenwert. Wäre sie ein Ergänzungsblatt für die anderen Verlagserscheinungen, so müßten ihre Verluste anteilig auf die betreffenden Verlagswerte umgelegt werden. Die Verlagswerte errechnen sich demnach folgendermaßen:

			RM
Zeitschrift A	$\dfrac{81\,000,- \times 100}{12}$	=	675 000,—
Zeitschrift B	$\dfrac{44\,000,- \times 100}{12}$	=	366 600,—
Zeitschrift C	$\dfrac{25\,000,- \times 100}{8}$	=	312 500,—
Zeitschrift D	$\dfrac{9\,000,- \times 100}{12}$	=	75 000,—
Zeitschrift E	$\dfrac{6\,000,- \times 100}{13}$	=	46 100,—
Zeitschrift F	$\dfrac{7\,000,- \times 100}{9}$	=	77 800,—
Summe der Verlagswerte			1 553 000,—

Bei der Berechnung des Firmenverlagswertes wurde von folgenden Erwägungen ausgegangen:

Landesüblicher Zins	7 %
Branchenzins unter Berücksichtigung der den einzelnen Verlagserscheinungen beizulegenden Sonderrisiken	11 %
Durchschnitt	9 %
Sonderrisiko des Unternehmens auf Grund der zu erwartenden Konjunkturänderung (Freigabe der Rohstoff-Lieferungen und Aufhebung der Lizenzierung)	1 %
	10 %

		RM
Ertragswert der Unternehmung $\dfrac{213\,000,- \times 100}{10}$ = rd.		2 130 000,—
abzüglich Sachwert		
Investitionen zu Zeitwerten	600 000,—	
Verlagswerte (wie oben)	1 553,000,—	2 153 000,—
		— 23 000,—

Auch dieses Beispiel zeigt deutlich, daß der Begriff Verlagswert mit dem Firmenwert einer Verlagsunternehmung nicht identisch ist. Der im vorliegenden Fall negative Firmenwert resultiert hauptsächlich aus Fehlspekulationen im Zusammenhang mit dem Kalender und der Herausgabe der Zeitschrift G, die jedoch nicht eingestellt werden sollte, weil der Verlag mit der betreffenden Interessenvertretung in geschäftlicher Beziehung bleiben wollte. Würde dagegen das Ergebnis dieser Zeitschrift den anderen Verlagserscheinungen hinzuzurechnen sein — z. B. weil sie zur Komplettierung einer Zeitschriftenreihe herausgegeben wird —, so würde sich die Summe der Verlagswerte um etwa RM 30 000,— bis 40 000,— mindern und ein positiver Firmenwert von annähernd RM 10 000,— bis 20 000,— entstehen.

Außerdem zeigt dieses Beispiel, daß es erforderlich ist, die Verlagswerte verschiedener Verlagsobjekte einzeln zu berechnen, da nur auf diese Art die den einzelnen Verlagserscheinungen anhaftenden Sonderrisiken oder risikovermindernden Faktoren Berücksichtigung finden können. Würde man zum Beispiel das Gesamtergebnis der gewinnbringenden Verlagserscheinungen unter Zugrundelegung eines Branchenzinses von 10 % kapitalisieren, so würde der gemeinsame Verlagswert rd. RM 1 870 000,— betragen und demnach gegenüber der Einzelberechnung um RM 317 000,— zu hoch sein. Selbst wenn man den Gewinn des Buchverlages ausscheidet und den Zinssatz auf 11 % erhöht (der Durchschnittszinsfuß beträgt 11 %), wofür keine stichhaltige Begründung gegeben wäre, käme man noch immer zu einem Verlagswert, der die Summe der Einzelwerte übersteigt.

Anhang 5

Die Einrichtungskosten einer Druckerei

Für die Gründung einer Zeitungsdruckerei bald nach 1949 wurden in dem ersten Jahr des Bestehens der Unternehmung etwa folgende Investitionen vorgenommen:

		rd. DM
Grundstück		100 000,—
Gebäude und Einbauten		600 000,—
Maschinen		
Formherstellung — insbesondere Stereotyp- und Linotype-Maschinen	665 000,—	
Rotationsmaschine (gebraucht gekauft)	670 000,—	
sonstige Maschinen	90 000,—	1 425 000,—
Betriebs- und Geschäftsausstattung		95 000,—
Schriften, Matrizen und sonstige bewertungsfreie Wirtschaftsgüter		230 000,—
	Übertrag	2 450 000,—

	Übertrag	2 450 000,—
Zur Finanzierung des Umlaufvermögens (Warenbestände, Forderungen und Liquiditätsreserven) waren außerdem erforderlich		650 000,—
Insgesamt erforderliche Mittel		3 100 000,—

Aus diesen Zahlen ist ersichtlich, daß für die Gründung einer Zeitungsdruckerei recht erhebliche Mittel erforderlich sind. Naturgemäß hat dieses Beispiel keine Allgemeingültigkeit, da die Höhe der Einrichtungskosten von vielen individuellen Imponderabilien abhängig ist. Sehr wesentlich aber ebenso unterschiedlich ist vor allem die Kapazität des Unternehmens. Bei dem obigen Beispiel handelt es sich um eine Druckerei, die zwei konzerneigene Zeitungen herstellt. Hierbei ist zu berücksichtigen, daß durch den unterschiedlichen Charakter bzw. auf Grund der verschiedenen Erscheinungszeit (1 Morgenzeitung und 1 Nachmittagsblatt) eine günstige Ausnutzung der Kapazität erreicht wurde. Deshalb kann das oben angeführte Beispiel lediglich einen Anhaltspunkt für die Höhe der bei der Gründung einer Zeitungsdruckerei erforderlichen Mittel geben.

Quellenverzeichnis

A. Bücher und Kommentare

1. *Adler-Düring-Schmaltz:* Rechnungslegung und Prüfung der Aktiengesellschaft, Handkommentar, Stuttgart 1938, zitiert: ADS.

2. *Bappert-Maunz:* Verlagsrecht, Kommentar zum Gesetz über das Verlagsrecht vom 19. Juni 1901, München-Berlin 1952.

3. *Baumbach:* Aktiengesetz, Beck'sche Verlagsbuchhandlung, München-Berlin 1954.

4. *Bertkau-Bömer:* Der wirtschaftliche Aufbau der deutschen Presse, Berlin 1932.

5. *Blümich-Falk:* Einkommensteuergesetz, Kommentar 6. Auflage, Berlin-Frankfurt (Main) 1951.

6. *Brönner, Herbert:* Die Bilanz nach Handels- und Steuerrecht, Stuttgart 1952.

7. *Brüggen, Heinz:* Die Kostenrechnung der Verlagsbetriebe Heidelberg-Eppenheim, o. Jg. (etwa 1950).
   Schriftenreihe: Der Verlagskaufmann.

8. *Fleischhauer, Helmut:* Bilanzierungsgrundsätze, Wiesbaden 1949.

9. *Götze, H.:* Grundzüge der Bilanzierung, Berlin 1947.

10. *Groth, Otto:* Die Zeitung, Mannheim-Berlin-Leipzig 1928—1930.

11. *Hagemann, Walter:* Die Zeitung als Organismus, Heidelberg 1950.

12. *Hast, R.:* Grundsätze ordnungsgemäßer Bilanzierung von Anlagegegenständen, Leipzig 1935.

13. *Knoll, Heinrich:* Allgemeine Bilanzkunde, Wiesbaden 1949.

14. *Kolbe, Arthur:* Gesamtwert und Geschäftswert der Unternehmung, Köln-Opladen 1954.

15. *März, Josef:* Die moderne Zeitung, ihre Einrichtung und ihre Betriebsweise, München 1951.

16. *Mehls, Walter:* Die wirtschaftliche Struktur der deutschen Tageszeitungsverlage unter Berücksichtigung ihrer Auswirkung für die verlegerische Arbeit — Dissertationen — Heidelberg 1937.

17. *Mellerowicz, Konrad:* Allgemeine Betriebswirtschaftslehre (Sammlung Göschen), Bd. I—III, Berlin 1948, zitiert: Mellerowicz, Allgemeine.

18. *Mellerowicz, Konrad:* Der Wert der Unternehmung als Ganzes, Essen 1952, zitiert: Mellerowicz, Der Wert.

19. *Mellerowicz, Konrad:* Wert und Wertung im Betrieb, Essen 1952, zitiert: Mellerowicz, Wert und Wertung.

20. *Ott, Richard:* Die Bewertungsfragen in der Filmwirtschaft, Wiesbaden 1953.

21. *Passow, R.:* Die Bilanzen der privaten und öffentlichen Unternehmungen I und II, Berlin 1918—1919.

22. *Schanz, Joachim:* Die Entstehung eines deutschen Presse-Großverlages (Dissertation), Berlin o. Jg. (1932).

23. *Schlegelberger-Quassowski:* Aktiengesetz vom 30. Januar 1937, Kommentar, Berlin 1937, zitiert: Schl.-Q.

24. *Schmalenbach, E.:* Dynamische Bilanz (9. Auflage) Leipzig 1948.

25. *Schmidt, Gustav:* Kauf, Gründung und Finanzierung von Zeitungen und Zeitschriften, Leipzig 1903.

26. *Verlag Archiv und Kartei:* (Gemeinschaftsarbeit des Verlages) Presse in Fesseln, Berlin 1947.

27. *Voigtländer-Elster:* Gesetz über das Urheberrecht, Kommentar, Berlin 1942.

28. *Wegner, H.:* Die Bewertung der immateriellen Werte in der deutschen Elektrizitätswirtschaft (Dissertation) Berlin 1953.

29. *Wirtschaftsprüfer-Jahrbuch* 1954.

B. Aufsätze in Zeitschriften usw.

1. Auflagenstatistiken der Informationsstelle zur Feststellung der Verbreitung von Werbeträgern, Bad Godesberg.

2. *Bartosch, Alexander:* Falscher Ehrgeiz in: Der Zeitungsverlag 1929 Nr. 27, Spalte 1347.

3. *Dahmann, J.:* Die Bilanzierung immaterieller Werte unter besonderer Berücksichtigung des Steuerrechtes in: ZfhF 1930, S. 460.

4. *Dieterisch, W.:* Unternehmenswert — Betriebsvergleich — Offene und stille Reserven in: Die Wirtschaftsprüfung 1956 Nr. 9, S. 194.

5. *Diez:* Der Kapitalisierungsfaktor als Bestandteil der Ertragswertberechnung in: Die Wirtschaftsprüfung 1955 Nr. 1, S. 2.

6. *Erhard:* Betriebliche Versuchs- und Entwicklungskosten in: Der Betriebs-Berater 1955, Nr. 51, S. 991.

7. *Kummer, Herbert:* Der Betriebsbestehenswert unter besonderer Berücksichtigung des Verlagswertes und des Verlagsrechtes in DStZ 1939, Nr. 4, Seite 93.

8. *Lenski:* Fachgutachten über originär entstandene Geschäftswerte in: Der Betriebs-Berater 1955, Nr. 34, S. 1086.

9. Der Zeitungsverlag 1938, Nr. 26: Kontenplan im Verlagsgewerbe.

C. Gesetze, Verordnungen usw.

1. Anordnung des Präsidenten der Reichspressekammer „Zur Wahrung der Unabhängigkeit des Zeitungsverlagswesens" vom 24. April 1935.

2. Bewertungsgesetz vom 16. Oktober 1934 (BewG).

3. Buchhändlerische Verkaufsordnung vom 23. Oktober 1935.

4. Buchhändlerische Verkehrsordnung vom 8. Juni 1935.

5. Einkommensteuergesetz vom 28. Dezember 1950 (EStG).

6. Gesetz betreffend das Urheberrecht an Werken der Literatur und der Tonkunst vom 19. Juni 1901 (LUG).

7. Gesetz betreffend das Urheberrecht an Werken bildender Künstler und der Photographie vom 9. Januar 1907.

8. Gesetz gegen den unlauteren Wettbewerb vom 7. Juni 1909 (UWG).

9. Gesetz über die Aktiengesellschaften und Kommanditgesellschaften auf Aktien (Aktiengesetz) vom 30. Januar 1937 (Akt.Ges.).

10. Gesetz über das Verlagsrecht vom 19. Juni 1901 (VG).

11. Gewerbesteuergesetz vom 30. April 1952 (GewStG).

12. Grundgesetz der Bundesrepublik Deutschland vom 23. Mai 1949 (GG).

13. Handelsgesetzbuch vom 10. Mai 1897 (HGB).

14. Körperschaftsteuergesetz vom 23. Mai 1952 (KStG).

15. Pressegesetz vom 7. Mai 1874 (PrG).

16. Richtlinien für Abschluß und Auslegung von Verträgen zwischen bildenden Künstlern und Verlegern vom 2. November 1926.

17. Warenzeichengesetz vom 5. Mai 1936.

MIX
Papier aus verantwortungsvollen Quellen
Paper from responsible sources
FSC® C105338

Printed by Libri Plureos GmbH
in Hamburg, Germany